인생을 바꾸는
세 가지 프로페셔널 시점

인생을 바꾸는
세 가지 프로페셔널 시점

초판 1쇄 인쇄 _ 2021년 12월 05일
초판 1쇄 발행 _ 2021년 12월 10일

지은이 _ 윤정열

펴낸곳 _ 바이북스
펴낸이 _ 윤옥초
책임 편집 _ 김태윤
책임 디자인 _ 이민영

ISBN _ 979-11-5877-276-5 03190

등록 _ 2005. 7. 12 | 제 313-2005-000148호

서울시 영등포구 선유로49길 23 아이에스비즈타워2차 1005호
편집 02)333-0812 | **마케팅** 02)333-9918 | **팩스** 02)333-9960
이메일 bybooks85@gmail.com
블로그 https://blog.naver.com/bybooks85

책값은 뒤표지에 있습니다.
책으로 아름다운 세상을 만듭니다. ― 바이북스

미래를 함께 꿈꿀 작가님의 참신한 아이디어나 원고를 기다립니다.
이메일로 접수한 원고는 검토 후 연락드리겠습니다.

윤정열 지음

인생을 바꾸는 세 가지 프로페셔널 시점

미국 부동산업계 1위 업체에서 일한
한국 최초 여성 전무가 말하는 성공의 법칙

바이북스
ByBooks

나는 중학교 2학년 학생들에게 교생 실습을 하면서 놀라운 경험을 한 적이 있다. 영어로만 수업을 진행해 보았더니, 교생 실습 하는 1달 만에 아이들은 놀랍게 영어를 알아듣기 시작했다. 내가 구사할 수 있는 단어가 몇 개 안 되기도 했고, 새로운 언어를 쉽게 받아들일 수 있는 아이들의 젊은 뇌 덕분이기도 했겠지만, 평범한 아이들의 언어 잠재력에 깜짝 놀랐던 기억이 있다.

누구나 잠재력이 있지만, 능력에 비해 인정받지 못하는 사람이 너무 많다. 잘 하는 부분이 많은데, 잘 못하는 부분만 부각되는 사람이 많다. 노력을 안 하는 것은 아니다. 누가 나쁜 의도로 안 좋은 부분만 보려 하는 것도 아니다. 행복할 수 있는 모든 조건을 갖추었지만 2% 부족함을 느끼는 사람이 많다.

나도 나름 열심히 산다고 생각했는데 채워지지 않는 갈망이 있었다. 직장 생활 하다가 갈증이 느껴지면 학교를 갔고, 학교를 다니다 보면 다시 회사를 다니고 싶었다. 회사와 학교를 번갈아 다니다 보니 의도치 않게 세 가지 석사 학위를 받아서, 친구들은 나를 '다학력자'라고 놀린다. 박사는 아니니 고학력자는 아니고 그냥 '다학력자'라는 것이다. 늘 부족했고 불만스러웠다. 인정받지 못한다고 생각했다. 다른 사람이 나를 공정하게 보지 않는다고 생각했다. 그러나 내가 원하는 대로 다른 사람을 바꿀 수는 없었다.

왜 그럴까? 무엇이 문제일까? 무엇을 바꿔야 하는 것일까?

문제는 나였다. 나의 시점을 바꿔야 했다. 내가 나를 바라보는 시점, 내가 타인을 바라보는 시점, 내가 세상을 바라보는 시점을 바꿔야 했다. 나를 대단하게 바꿔야 하는 것도 아니었다. 더 열심히 살아야 하는 것도 아니었고, 더 똑똑해져야 하는 것도 아니었다. 학위나 자격증보다 더 중요한 것이 있었다. 바로 나의 시점이었다.

시점을 바꾸었더니 내 삶이 달라졌다. 나, 다른 사람들, 회사 등을 어떻게 보느냐에 따라 나의 행복이 결정된다는 것을 알게 되었다. 시점을 바꿨더니 사람들은 나의 잠재력을 실제보다 높게 평가해 주었다. 쉽게 감사하게 되고 쉽게 행복해졌다.

본인이 원하는 만큼 커리어가 성장하지 않고 있다면 시점을 바꿔보자. 더 노력해야 하거나 더 무언가를 해야 하는 게 아닐 수 있다. 내가 세상을 바라보는 시점만 바꾸면 된다.

이 책은 총 네 개의 장으로 구성되어 있다.

1장에서는 프로페셔널 시점의 의미를 정리하고, 시점을 바꿔야 하는 이유를 보여주고자 했다. 왜 시점을 바꾸게 되었는지, 시점을 바꾸어서 무엇이 달라졌는지를 알려주고자 했다.

2장은 커리어 초기에 나의 시점을 바꾸는 방법에 대해, 내 미래의 주인이 되는 방법을 설명하고자 했다.

3장에서는 다양한 관계 속 타인의 시점을 이해하는 법에 대해, 성장을 원한다면 다른 사람이 틀렸다기보다는 다르다는 것을 인정해야 하는 이유를 보여준다.

4장에서는 리더가 되고자 하는 사람들에게 필요한 프로페셔널 시점을 담고자 했다. 어려운 방법이 아니다. 나의 시점을 다각화하면 나에 대한 타인의 시점도 함께 달라진다. 한편 리더가 되고자 하는 사람은 스스로에게 맞는 자기 관리법을 찾아야 한다.

그리고 미국 또는 외국계 회사 취업에 관심 있는 사람들을 위한 짧지 않은 부록을 중간 중간에 추가하였다.

어제보다 나은 '오늘의 나'를 만들고 싶다면, 시점을 조금만 바꿔보자. 노력하는 만큼 혹은 능력만큼 인정받지 못한다고 느끼는 이라면, 프로페셔널 시점이 부족한 2%를 채울 수 있을 것이라고 확신한다. 나의 잠재력을 믿어 보자. 시점을 살짝만 바꿨을 뿐인데 직장에서 인정받고 커리어를 한 단계 끌어올릴 수 있는 놀라운 변화를 경험하게 될 것이다.

나에게 많은 가르침과 희망을 준 직장 동료들과 고객께 감사의 말씀을 드리고 싶다. 함께 일한 분들의 도움과 응원 덕분에 지난 10년 이상 같은 회사에서 일하며 커리어를 성장시킬 수 있었다. 오늘도 직장에서 성장을 갈망하는 후배 분들을 응원하고 작은 도움이라도 드리기 위해 이 책을 바친다.

| 차례 |

Prologue　4

chapter
1

왜 프로페셔널 시점을 가져야 하는가?

1. 내가 주인의식이 없다니!　14
2. 회사가 기를 쓰고 붙잡는 인재의 비밀　19
3. 한 걸음만 움직여도 다른 시점이 보인다　24

외국계 회사 취업에 관심 있는 사람들을 위한 팁

MBA 준비 중이거나 미국에서 취업 하고자 한다면　33
미국 취업 준비할 때 고려할 시점 ┃ 미국 보스의 시점
미국은 2시간 이내에 해고될 수 있는 나라

chapter
2

커리어 초기부터 바꿔라
나에 대한 시점

1. 기회의 신은 머리카락이 앞에만 있다고? 48

2. 내 미래의 주인이 되려면 54

3. 미래의 나를 위해 오늘 해야 할 일 60

4. 내 모습을 녹화하고 알게 된 사실들 67

5. 남보다 잘하는 한 가지가 있는가? 74

6. 바꿀 수 있는 건 바꾸자 : 단점은 천덕꾸러기 동생 대하듯 81

7. 자리가 사람을 만드는 것이 아니다 88

8. 자만심은 No 자신감은 Yes 94

9. 절실함은 최고의 무기 : 면접과 이력서에 드러나는 진심 101

10. No라고 말할 수 있어야 할 때 107

11. 긍정의 힘 113

12. 매일 아침 10분 동안 해야 할 일 119

13. 나에게 주는 성과 보상 124

외국계 회사 취업에 관심 있는 사람들을 위한 팁

영어가 고민이라면 129

외국계 회사에서 필요한 영어 수준은? | 필요한 만큼 영어를 하려면?

chapter
3

성장을 원한다면 다름을 인정하라
다양한 관계 속 타인에 대한 시점

1. 착각은 나의 힘 140

2. 타인의 시점은 어떻게 다를까? 149

3. 회사에서 아무도 말해주지 않는 직급별 기대치 154

4. 임원이 되었을 때 달라지는 시점 161

5. 팀장과 팀원 간의 동상이몽 167

6. 내 승진에 영향을 미치는 사람은 누구인가? 175

7. 시점을 바꾸면 맥락이 보인다 181

8. 시야를 좁히는 선입견 186

9. 나와 다를수록 좋다! 192

10. 콜라보를 하기 위해 반드시 필요한 것 197

11. 커뮤니케이션 능력을 향상시키는 방법 202

12. 영업왕의 비밀 209

13. 또라이 총량의 법칙 215

외국계 회사 취업에 관심 있는 사람들을 위한 팁

외국계 회사에 대해 궁금하다면 221

외국계 기업의 장점 | 외국계 기업의 단점 | 외국계 기업의 성과 평가 체계
외국계 기업에서는 '회식'에 대한 인식이 다르다 | 싱가포르와 홍콩 보스의 시점

chapter
4

미리 준비하자
리더의 시점

1. MZ세대가 따르는 리더가 되려면 234

2. 당연한 걸 고마워하기 240

3. 감정이입의 기술 : '그랬구나'의 힘 246

4. 내겐 월요병이 없다: 효율성을 높이는 시간 관리 251

5. 타임라인을 정하고 시작해야 하는 이유 257

6. 우선순위를 정하는 방법 262

7. 관성의 법칙 : 루틴으로 만들면 쉬워진다 269

8. 일만 죽어라 하는 사람이 관리해야 할 단 한 가지 273

Epilogue 279

chapter 1

왜 프로페셔널 시점을
가져야 하는가?

내가 주인의식이 없다니!

5점 만점에 2점.

내가 미국에서 직장생활을 한 지 2년차에 업무 수행평가에서 받은 점수이다. 3점은 실적을 무난하게 달성했을 때, 4점은 실적을 초과 달성했을 때, 5점은 거의 나라를 구했을 때 받을 수 있는 점수라고 했다. 한편 1점은 바로 해고시킬 수 있는 점수, 2점은…? 실적 미달이니 지금 해고시키지는 않더라도 조만간 실적이 개선되지 않으면 해고를 고려할 수 있다는 점수라고 알게 되었다.

도대체 이해가 안 갔다. 한국에서 (시험을 못 본 적은 많았지만) 공부 못한다는 소리는 들은 적이 없었고, 일도 나름 잘하는 편이라고 믿고 있던 나였다. 36살 늦은 나이에 미국에 있는 MBA(경영대학원)를 갔지만 졸업과 동시에 그 어렵다던 미국 취업을 할 수 있었고, 취업 1년 후에 서비스 업체(말하자면 '을'사)에서 고객사('갑'사) 쪽으로 스카우트된 상황이라서 나름 자신감이 뿜뿜했던 시기였다. 그런데 내가 실적

미달이라니?

고등학교 성적표처럼 느껴지던 그 성과 평가를 들고 며칠을 고민했다. 이유가 뭘까? 영어 때문일까? 미국 사람처럼 영어를 하지는 못했지만, 한국에서 동시통역대학원 나와서 통역사를 하다가 미국을 간 상황이라, 영어가 완벽하지는 않아도 영어로 큰 불편은 없던 터였다.

아무리 생각해도 이해가 가지 않았다. 내가 맡고 있던 부동산 자산 분석 역할을 주어진 대로 나름 열심히 하고 있었다고 생각했기 때문이다. 남들보다 일찍 출근해서, (미국 사람들은 4시 반쯤 퇴근할 때) 나는 6시, 7시까지 업무를 하고 퇴근을 했다. 주어진 업무는 반드시 끝내고, 성실하게 하루하루를 보내고 있었다고 생각했었다.

부동산 팀을 총괄하고 계신 이사님께 면담을 요청했더니, 지금 생각해도 불편한 자리가 마련되었다. 이사님도 어딘가 엄청 껄끄럽게 느끼고 계신 것이 온몸으로 느껴졌다.

"저는 시키는 대로 최선을 다해 열심히 일했다고 생각합니다. 성실하게 업무를 수행했다고 생각했는데 이런 평가를 하신 이유를 여쭤 봐도 될까요?"

(그냥 여쭤 보면 될 것을… 꼭 여쭤 봐도 될지 묻는 습관이 있었다. 이런 게 예의 바르다고 생각했지만, 서양 사람들은 이런 화법을 자신감 결여로 받아들이는 경향도 있다. 아마 그 날 이사님도 그렇게 느끼셨을 수 있을 것 같다.)

이사님은 잠시 말을 고르는 듯한 표정을 지었지만, 이내 "내가 시키는 대로 하라고 MBA 나온 사람을 뽑았을까?"라는 말로 나의 업무 성과에 대한 피드백을 시작했다. '시키는 대로 성실히 열심히 하는 것이 저의 역할이잖아요'라고 말하고 싶었고, 그 외에도 하고 싶은 말이 백만 가지는 생각났지만 말로 내뱉지는 못했다. 그냥 뒤통수를 세게 맞은 기분이었다. 음식점에 진열해놓은 모형을 씹어 먹은 기분. 하늘의 구름이 솜사탕이 아니라는 것을 알게 된 기분. 솜사탕이 아닐 뿐 아니라, 드러운 공기가 모여서 더 드러운 공기를 만나 더욱 더 드럽게 내리는 비가 된 것 같은 기분이었다.

외국인으로서 미국에서 직장을 잃게 되는 것은 단순한 문제가 아니다. H1B라는 취업 비자로 미국에서 거주하는 것이기 때문에, 직장을 잃게 되면 1달 내에 미국을 떠나지 않으면 불법체류자가 된다. 한국도 아니고 미국에서 힘들게 직장을 얻었는데, MBA를 하는 2년 동안 노력해서 겨우 얻게 된 직장이었는데… 회사 다니면서 다른 직장을 알아보기도 어렵고, 회사 나와서 1달 내에 다른 직장을 구해서 입사를 한다는 것은 거의 불가능할 테고… 미국에서 경력을 잘 쌓고 와야 한국에서도 인정을 받게 될 텐데… 미국에서 1~2년 정도 애매한 경력만 쌓게 되면 한국에 와서도 명함을 내밀기 어렵게 될 텐데… 온갖 걱정이 머릿속을 뒤죽박죽 밟고 지나가는 것 같았다.

"그럼 도대체 저의 역할이 무엇인가요? 제가 뭘 어떻게 해야 하는지요?"

나의 질문에 이사님은 잠시 고민하시는 듯하더니, "주인의식을 갖고 너의 역할이 뭔지 생각해 보고, 너의 잠재력을 최대한 끌어내 봐."
라고 말했다.

'뭐래? 내가 주인의식이 없다고? 잠재력을 끌어내 보라고?'

태어나서 이렇게 어려운 숙제는 처음 받아보는 기분이었다. 이사님의 사무실 문을 닫고 나오면서 생각했다. '다른 회사를 알아 봐야겠구나.' 그런데 난 1년 남짓 미국에서 근무한 외국인, 부동산 업계 경력도 1년밖에 안 돼서 경력이라고 말할 것도 없는 외국인이었다. 나이 40에 가까운 1년 경력의 여성이자 외국인이 바로 나였다. 미국 최대 가전제품 회사의 본사에 천 명이 넘는 직원이 근무하고 있었는데, 내가 유일한 한국인이었다. 그때가 2007년경이었는데도, 워낙 시골 동네여서 그런지 동네의 대형마트에 가면 내가 유일한 동양인인 적도 많았고, 나를 신기하게 뚫어지게 쳐다보는 어린아이도 있었다. 어느 날 마트에 갔더니 '사은품으로 받은 간장을 어디에 쓰는 물건인지 모르겠다'며 길을 지나가던 유일한 아시아인이었던 내게 간장을 준 백인 할머니도 있었다. 외국에 나가면 뭘 해도 국가대표가 된다더니… 미국 사람들은, 내가 매운 것을 못 먹으면 '한국인은 매운 것을 못 먹나보다' 생각하고, 내가 책을 많이 읽으면 '한국인은 책을 많이 읽나 보다' 생각했다. 내가 이대로 회사를 나가게 되면 '한국인은 일을 못하는구나'라고 생각할 텐데… 그게 참을 수가 없었다.

'주인의식' 그게 도대체 뭐야? 뭘 해야 하는 거야? 내 역할은 뭐야? 나의 역할, 나의 업무 범위, 모든 것을 다시 생각해야 했다. 내가 생각했던 업무 리스트를 보면서, 이사님의 시점으로 다시 생각해 보았다. 기대치가 도대체 얼마나 달랐던 거야? 나도 모르는 내 잠재력을 어떻게 끌어내라는 거야? 누구한테 물어볼 수도 없고, 뭘 하라는 건지도 모르겠고, 억울하기도 하고 서럽기도 하고. 다 때려치고 싶은데 때려치울 수도 없고… 내가 할 수 있는 것은 아무것도 없는 것 같은… 그런 날이었다.

회사가 기를 쓰고 붙잡는
인재의 비밀

"억울하면 출세하라"라는 말이 어디서 나왔나 했더니 옛날에 이런
제목의 영화가 있었다고 한다. 영화를 본 적이 없어서 내용은 모르겠
지만, 우리 부모님 세대에서는 이런 말을 참 많이 하셨던 것 같다. 네
이버 국어사전을 보면 억울은 '아무 잘못 없이 꾸중을 듣거나 벌을
받거나 하여 분하고 답답함. 또는 그런 심정'으로 정의된다고 한다.

미국에서 성과 평가를 받았을 때 내가 딱 그 심정이었다. 분하고
답답한 거 맞는데, 꾸중을 듣고 벌을 받고 있는 기분인 거 맞는데…
아무 잘못 없는 게 맞나? 내가 너무 안이하게 생각한 건 아닐까? 출
세까지는 아니더라도, 나에 대한 평가를 바꿀 수 있는 방법은 없나?

내가 한국에 살고 있었다면 친구들한테 털어놓고 회사를 욕하고
이사님을 상상으로 때려잡고 했겠지만, 미국에서는 할 수 있는 게 참
없었다. 여자 혼자 미국 유학을 가는 건 절대 안 된다고 호적을 파서

가라고 하셨던 아버지 생각이 났다. 36살의 내가 고집 부려서 미국에 왔지만, 잘 살고 있는 줄 아는 한국의 가족과 친구들한테 국제전화를 해서 이런 얘기를 구구절절 할 수도 없고. 미국에 있는 직장 동료들에게 나의 업무 성과 평가 결과에 대해 이야기하는 건 더더욱 자존심이 상하고… 결국 이 문제는 나 혼자 해결해야 하겠구나 생각했다.

남들은 도대체 어떻게 하는 걸까?

어디 가서 과외를 받을 수도 없고. 어떤 책을 읽어야 할지도 모르겠고. 우선 다른 사람들은 어떻게 업무를 하는지 자연스럽게 관찰하게 되었다. 관심을 갖고 관찰하다 보면 안 보이던 많은 것이 보이게 마련이다. 관찰을 할 때 제일 중요한 것은 나의 선입견을 최대한 배제하는 것이다. 색안경을 끼고 보면 온 세상이 그 색깔로만 보일 테니까.

우리 회사에는 중국에서 온 W라는 친구가 있었다. 이 친구는 중국 사람인데 유럽에서 학교를 다니다가 채용되었고, 유럽 법인에서 너무 똑똑하게 일을 잘해서 미국 본사로 뽑혀 온 경우였다. 나와는 10살 이상 차이가 났던, 30살도 안 된 친구였는데 평판이 참 좋았다. 아시아 쪽 사람들의 수가 워낙 많지 않다 보니 자연스럽게 W와 친해져서 이 친구를 자세하게 관찰하기 시작했다. 저 친구는 나에게 없는 무엇을 갖고 있는 걸까?

W는 키가 아담하고 동그란 얼굴, 똘똘해 보이는 인상에 20대 중에서도 어려 보이는 여성이었다. 일단 영어와 중국어뿐 아니라, 프랑

스에서 공부를 했기 때문에 불어까지 어느 정도 가능한 다국적 인재였다. 3개 국어를 한다는 건 큰 장점이지만, 미국은 워낙 영어로 모든 국가와 비즈니스를 하는데 큰 불편이 없었기 때문에 그 때만 해도 외국어의 장점이 크게 부각되지는 않았다. 프랑스에서 공부할 때 만난 남편과 함께 미국에 와 있었고, 소문에 의하면 프랑스인인 남편을 함께 고용하는 조건이었다고 했다. 외국인이 미국에서 고용되는 것만도 힘든 일인데, 남편까지 묶어서 취업을 할 수 있는 능력이 있다니… 참 대단해 보였다.

나중에 알고 보니, 미국의 기업들도 인재를 구하기가 녹록지 않다고 한다. 미국은 워낙 나라가 크다 보니, 하나의 주State가 우리나라보다 큰 경우도 많다. 내가 살고 있던 미시건주도 한국보다 두 배 이상 큰 면적이었다. 서울에 사는 사람이 다른 도시로 취업하는 것을 선뜻 결정하기 어렵듯이, 미국도 다른 주State에 있는 회사를 들어가고자 하는 것은 쉬운 결정이 아니라고 한다. 특히 미국의 제조업체 본사는 머나먼 시골에 소재하는 경우가 많다. 비용을 절감해야 하는 제조업체의 특성상 땅값이 비싼 도심 한가운데에 거대한 본사 캠퍼스를 짓기가 쉽지 않기 때문이다. 그러다 보니 인재를 구하는 것이 어렵고, 회사는 정말 훌륭한 인재라면 최대한 놓치지 않으려고 노력한다.

W에 대한 미국 본사의 평가가 매우 적극적이고 장래가 기대되는 인재라고 생각하는 것은 참 신기한 일이었다. 왜 그럴까? 기회가 될 때마다 관찰을 해보니, W는 나와는 사뭇 달랐다. 새로운 업무가 주어

졌을 때, 나는 그 업무를 왜 해야 하는지 묻고 확인했다. 내가 혹시 잘못 이해하고 실수할까 봐 두려웠기 때문이다. 나는 실수하는 것이 두려웠고 완벽하게 하기 위해 묻고 확인하고 또 물어봤다. 그러다 보니 나는 업무가 주어졌을 때 뭘 해야 하는지 물어보고 확인하는 데 많은 시간을 들였고 (= 이사님이나 다른 분의 시간을 많이 빼앗았고) 나의 결과물은 다른 분들의 기대에 간신히 부합하는 (기대 이상의 성과는 아닌) 수준이었다. 지금 생각해보니 그분들이 '이럴 바에야 그냥 내가 하고 말지'라고 생각했을 수도 있을 것 같다. 말하자면 난 '시키는 대로' 잘하는데 초점을 둔 것이고, '시키는' 사람이 없으면 내가 혼자 할 수 있는 일은 별로 없었다. 내가 내 업무의 주인이 아니었던 것이다.

W는 새로운 업무가 주어졌을 때, 눈을 동그랗게 뜨고 일단 해보겠다고 말했다. 해보다가 어려움에 부딪히면 그때 가서야 '이렇게 해보니, 이러한 어려움이 있어서 저렇게 해 보겠다'라고 말하는 것이었다. 이를테면 이런 방식이었다.

1. 일단 해본다.
2. 해보고 어려울 때 어렵다고 솔직하게 말한다(짧은 기간 이내에).
3. 어떻게 문제를 개선할 수 있는지 스스로 생각해본 후 다른 사람의 조언을 구한다.

W가 한 결과물을 보면 나의 결과물보다 대단하게 더 훌륭한 것

도 아니었다. 내가 못하는 것을 해낸 것도 아니고, 내가 한 것보다 훨씬 많은 일을 한 것도 덜한 것도 아니었는데, W는 모든 사람에게 적극적이고 성실하며 주도적으로 일하는 사람으로 보였다.

중요한 건 그 친구의 '태도attitude였다. 어떤 일이 주어졌을 때, 기본적으로 그 업무가 '내 일이다'라고 생각하고 주도적으로 업무를 풀어나갔다. 나이도 어리고 경험이 많지도 않은데, 도대체 어디서 배웠는지 벌써 책임자 같은 태도와 자세로 업무를 대했다. 재무Finance 팀에 속해 있었는데, 재무에 관련이 되건 안 되건 추가적인 업무조차도 No하는 일이 없었다. 항상 웃으며 '해보겠다'고 했고, 또 해냈다. 매사에 적극적으로 업무에 뛰어들었고, 이에 대해 불평하는 일이 없었다.

인정하고 싶지는 않았지만, 내가 팀장이어도 그 친구를 우리 팀에 꼭 붙잡아 놓고 싶을 것 같았다. 나는 내 업무를 제한하고 실수하지 않는 데에 급급할 때, W는 벌써 본인의 업무를 확장해야 회사 내에서의 위치를 공고히 하게 된다는 것을 이미 알고 있었던 것 같다. W는 이미 책임자의 시점으로 스스로 주인의식을 갖고 업무에 대해 스스로 판단하고 부딪혀보고 개척해 나가고 있었다. 나는 사원처럼 보일 때 나보다 10살이나 어린 그 친구는 이미 책임자처럼 보였다.

15년이 지난 지금 W는 아시아계 미국인으로 가장 영향력 있는 금융권 리더 중 한 명이 되었다.

: 3 :

한 걸음만 움직여도
다른 시점이 보인다

'나에 대한 평가를 바꿔보자.'

나는 우리 회사 본사에 근무하는 유일한 한국인인데 이렇게 쫓겨날 수는 없지. 일단 이사님과 회사의 평가를 바꾸고 나서 회사를 나가더라도 나가야 했다.

이사님이 얘기한 '주인의식'이 있어야 나의 잠재력을 끌어낼 수 있다는데… 이사님의 시점을 어떻게 이해할 수 있을까 고민했다. 그러다 문득 내가 시야를 너무 좁게 잡았던 건 아닐까 하는 생각이 들었다. 사진을 좋아했던 나는 망원렌즈가 아닌 단렌즈로 구성된 카메라를 갖고 있었기 때문에, 좁은 화면을 찍고자 하면 한 걸음 앞으로 걸어갔고, 넓은 화면을 찍고자 하면 한 걸음 뒤로 물러서서 사진을 찍어야 했다. 망원렌즈를 낀 것처럼 훌쩍 뒤로 가서 시점을 당겨 보면 어떻게 될까. 사진을 찍을 때처럼 업무에도 다양한 시점을 시도해 보면 어떨까? 앞에서만 볼 게 아니라, 옆에서도 보고, 뒤에서도 보고,

멀리 가서 보기도 하고… 나는 다양한 시점으로 이 상황을 보기로 마음먹었다.

다양한 시점으로 내 일을 보기 위해서는 내 일을 구체적으로 정리하는 게 먼저다. 우선 내가 알고 있는 나의 역할과 업무 리스트를 적어보았다. 내가 생각한 나의 역할은 무엇이었는지 살펴보고 이사님과 연초에 설정한 '올해의 목표'도 새롭게 꺼내 보았다. 일단 눈에 띈 것은 나의 '올해의 목표'는 상당히 포괄적인데, 내가 이해하고 있던 (내가 믿고 싶었던) '나의 역할'은 매우 제한적이라는 사실이었다.

미국 회사에서는 개인의 목표를 설정할 때 50% 이상이 재무적 성과 목표인 경우가 대부분이다. 예를 들어, '부동산 팀이 올해 회사의 매출액 XX 달러를 달성하도록 기여한다' 등과 같이 설정되어 있다. 매출을 일으키는 성격이 아닌 관리부서(후선 부서 등)에서는 회사 전체의 손익에 기여하기 위해 'XX 달러의 비용 절감을 위해 노력한다' 등과 같이 목표가 설정되기도 한다. 회사의 목표가 각 팀으로 뿌려지고, 각 팀의 목표에 따라 개인의 목표가 설정되는 구조이다. 모든 직원은 정도의 차이는 있겠지만 팀과 회사의 목표를 달성하기 위해 노력해야 하므로, 회사와 팀 차원에서 숫자를 맞추지 못하면 모든 직원들의 평가는 하향 조정되게 마련이다. 직원이 좋은 평가를 받기 위해서는, 성과 평가 과정에서 자신이 팀이나 회사의 성과에 기여한 부분을 조목조목 증명해야 하는데 이게 보통 일이 아니었다.

이사님과 회사가 나에게 기대했던 목표를 보니, '팀의 매출을 XX

만큼 높이는 데 기여한다'와 같이 포괄적으로 설정되어 있었다. 그런데 나는 나의 역할을 '부동산 임대차 분석을 모두 완료한다' 정도로 매우 구체적이고 제한적으로 예상하고 있었다. 편리하게도 내가 원하는 만큼으로만 내 역할을 정의하고 싶었던 것이다. 원대한 목표에 맞추려면, 나의 역할이 훨씬 더 커져야 한다는 것을 알 수 있었다.

나의 시점을 옮겨, 위에서 아래로 (top-down 방식으로) 바라보았다. 팀의 매출을 높이려면 무엇을 해야 할까, 이사님의 목표는 무엇일까, 생각해 보았다. 회의 중 이사님 말씀을 기록한 메모를 찬찬히 들여다보니, '이런 목표를 갖고 계시는구나' 하는 추측이 되기 시작했다. 이사님이 책임지고 있는 우리 팀의 A, B, C, D 그리고 나의 성과가 합쳐서 이사님의 성과로 수렴되겠구나… 생각이 들었다. 우리 팀을 맡고 있는 이사님의 목표 중에서 내가 해야 할 일이 무엇인가 생각해 보았다.

다시 시점을 아래에서 위로 (bottom-up 방식으로) 돌려서, 나의 역할을 확대해서 팀의 목표를 성취하는 방향으로도 고민해 보았다. '부동산 임대차 분석을 완료'하는 데에서 끝날 일이 아니었다. 단순하게 부동산 임대차 계약을 분석하는 것에서 끝나지 않고, 다양한 질문을 나에게 던져야 하는 것이었다.

• 부동산 임대차 계약을 통해 회사의 매출을 높이려면 어떻게 해야 할까? ⇨ 매출증대방안

- 임차료를 낮출 방법이 있을까? ⇨ 비용절감방안
- 분석을 더 효율적이고 정확하게 할 수 있는 모델을 만들 방법은 없을까? ⇨ 효율적 업무방안
- 이번 임대차 계약에서 미진한 부분을 앞으로 개선하려면 어떻게 해야 할까? ⇨ 문제해결방안

나의 시야를 확장하니 훨씬 많은 것이 보이기 시작했다. 내 시점을 조금만 바꿨을 뿐인데 안 보이던 많은 것이 눈에 들어왔다. 그 사이 특별히 다른 교육을 받은 것도 아니고, 어제의 나와 오늘의 내가 다른 사람도 아닌데… 업무를 바라보는 시점을 바꾸니 나의 업무도 완전히 새롭게 정의되어 버렸다. 마치 망원경으로 별 하나를 보고 있었는데, 망원경을 떼고 보니 수천, 수만 개의 별들이 내 시야에 쏟아져 내려온 것처럼… 갑자기 이사님의 시점이 이해가 가기 시작했다. '내가 별 하나를 보고 있을 때 이사님은 수천 개를 기대하고 계셨구나…'

다른 팀원들의 시점도 새롭게 보이기 시작했다. 회사에서 주간 회의를 할 때도 주로 나의 업무와 관련된 부분만 주의 깊게 듣고 나머지는 신경을 끄곤 했는데, 이제는 다른 사람의 업무는 무엇인지, 그 업무를 왜 하는지, 그의 성과 목표가 무엇인지, 그들의 업무를 더 지원할 부분이 있는지, 그들의 성과를 높여서 팀 전체의 성과를 높일 방법까지 생각하기 시작했다.

'A는 이번 달 말일까지 매각을 완료해야 하니, 그 전 XX일까지 분석을 완료해서 제공해 드려야 하겠구나. 그런데 A가 준 숫자만 기초해서 분석을 할 것이 아니라, 계약서를 내가 직접 확인해서 혹시 놓친 게 있는지 봐야겠다.'

내가 계약서까지 확인해서 추가적인 분석 내용을 알려주니, 그는 깜짝 놀란 표정이었다. 그 후부터 A는 나에게 좀 더 많은 의견을 구하기 시작했다.

한번은 이사님이 중요한 협상을 위해 아시아로 출장을 간 적이 있다. 현지 시간으로 오후 3시경 미팅 약속이 되어 있다는 것을 알고 있었고, 2시에서 3시 사이 미팅을 앞두고 마지막으로 내가 분석해 준 자료를 보다가 궁금한 부분이 있을 수도 있겠다고 생각했다. 대부분의 사람들은 회의 직전에 자료를 한 번 더 훑어보게 마련이므로. 미국 시간으로 새벽 2시에 이사님에게 전화를 해서 "혹시 제가 드린 분석 자료에 대해 궁금한 부분이 있으실까 봐 전화드렸습니다"라고 했더니, 이사님은 깜짝 놀라며 "새벽 2시에 잠 안 자고 뭘 하냐"고 했다. 그러나 이사님이 출장에서 돌아왔을 때 나를 보는 시선이 달라져 있는 것이 느껴졌다. 내가 시키지 않은 일까지 주도적으로 하고 있다는 느낌을 받았던 게 아닐까.

그렇다. 나는 주도적으로 업무를 해보고 싶었다. 내가 필요하다고 판단하는 일을 해보고 싶었다. 나 스스로 '나는 책임자다'라고 생각하고 싶었다. 이 업무의 주인은 나다. 내가 하는 업무에 대한 책임은 내가 진다. 나는 더 많은 역할을 할 것이고, 그 모든 역할을 잘 수행해 나갈 것이라고 생각했다. 그 기회가 생각보다 빨리 다가왔다.

당시에 우리 회사는 M이라는 회사를 약 17억 달러에 인수합병하였다. 최근 금액으로 환산하면 약 2조원에 달하는 인수합병이어서 자산 규모도 엄청난 빅딜이었다. 나는 부동산 팀에 속해 있었기 때문에 양쪽 회사의 부동산 자산을 파악하고 이를 통폐합하는 작업을 해야 했다. 제일 먼저 해야 할 일은 부동산 자산에 대한 평가를 적절하게 해서 우리 회사의 회계 장부에 포함시키는 일이었다. 수백 개의 부동산 자산에 대해 외부 컨설팅 업체에서 가치 평가를 해 왔는데, 일부 자산이 너무 높게 평가되어 있는 것으로 보였다. 그 자산들은 우리 회사가 가진 부동산 자산과도 성질이 흡사했기 때문에 그 차이를 알아볼 수 있었다. 부동산 자산을 너무 높게 평가해 놓게 되면 추후에 부동산을 매각할 때 큰 문제가 될 수 있다. 20억이라고 자산 평가를 해 놓았는데 실제로 18억에 팔게 되면 그 차액인 2억은 고스란히 장부상 손실로 잡히기 때문이다.

나는 주요한 자산에 대한 컨설팅 업체의 평가를 하나하나 살펴보기 시작했다. 어떤 식으로 가치 평가를 했는지 자세히 살펴보니 컨설팅 업체가 현지 시장의 미래를 너무 낙관적으로 예측했다는 결론에 이르게 되었다. 우리 회사는 제조업체이기 때문에 공장이나 창고 자산이 주로 많았는데, 이와 같은 산업 자산은 아파트나 오피스에 비해 가치 평가를 하기가 녹록지 않았다. 미국에서도 아파트나 오피스는 가치 평가가 크게 차이 나지 않는 경우가 많다. 예를 들어 동일한 면적의 옆집이 10억에 팔렸다면, 우리 집도 그 정도에는 팔릴 것이라고 예상할 수 있다. 그러나 공장이나 창고 같은 경우에는 그 지역에 유사 사례가 많지 않을 때도 많고, 매매가 활발하지 않다 보니 시장 가격을 예상하기가 매우 어려울 때가 많다. 더구나 미국에서는 먼 시골에 있는 자산의 가치가 10년이 지나도 오르지 않는 경우도 많았기 때문에, 우리나라처럼 '부동산은 무조건 오른다'라고 생각할 수도 없었다. 우리 회사의 공장이나 창고는 워낙 규모가 커서 매각이 그리 쉽게 성사되지 않는 경우도 많았다. 시장 상황과 타이밍에 따라 편차가 워낙 클 수 있는데, 이렇게 낙관적으로 가치 평가를 해서 비싸게 구입하게 되면 추후에 엄청난 손실을 떠안게 될 확률이 높아질 것이라고 판단했다.

나는 이사님께 내 의견을 밝혔다.

"컨설팅 업체의 가치 평가에 대해서 이의를 제기해 보겠습니다."

"워낙 유명한 회계 법인인데… 자기네 주장을 쉽게 바꾸지 않을 텐데?"

이사님은 나에게 헛고생 하지 말라고 했다. 그런데 왠지 오기가 나서 "일단 한번 싸워보겠다"라고 하고, 컨설팅 업체와 컨퍼런스 콜을 잡았다. 이사님은 (소용없는 회의라고 생각해서 그런지) 그 회의에 들어오지 않았고, 대신 재무팀 부장님이 회의에 함께 참석해 주었다.

나는 며칠 동안 밤낮없이 자료를 스터디한 후, 회의 중에 조목조목 가치 평가에 대한 가정을 따져 물었다. 아무리 대단한 컨설팅 업체의 파트너라고 해도, 그 많은 자산에 대한 상세한 내용을 모두 파악하고 있을 리는 없었다. 그 파트너도 '대강 질문 한두 개 하고 끝나겠지' 생각했을 텐데, 내가 그 많은 자산에 대해 너무 상세하게 질문을 하고 이의를 제기하니, (전화 통화 너머로도) 점점 당황한 기색이 역력해졌다.

질문에 대한 답을 모를 때 미국에서 늘 하는 말은 "확인해서 답을 주겠다"이다. 확인해서 답을 주겠다고 여러 번 반복하더니, 급기야는 내게 "그럼 당신이 판단할 때는 어느 정도 가치라고 생각합니까?"라고 질문을 했다. 나는 "제가 현실적이라고 예상하는 수준을 엑셀로 정리해서 보내 드리겠습니다"고 답을 하고 컨퍼런스 콜을 마쳤다.

나는 이미 정리해 놓은 것이 있었기 때문에, 콜이 끝난 후 그 숫자를 바로 보내줄 수 있었다. 며칠 후 그 업체의 파트너는 내가 제시한 숫자에 상당히 근접한 숫자로 본인의 숫자를 수정해서 보내왔다. 나한테 또다시 질문을 받기가 징글징글해서 그랬는지는 모르겠지만, 결국 그렇게 조정된 숫자로 인수합병 당시 자산에 대한 가치 평가가 기록되었고, 이는 추후에 발생할 수 있는 자산 매각에 따른 손실을 수백억 원 줄이는 효과를 가져오게 되었다.

그 회의에 함께 참여했던 재무팀 부장님은 이 예상치 못한 결과에 대해 매우 놀랐고 (그 회의에 참여하지 않았던) 우리 팀 이사님에게 A4용지 한 장 분량에 달하는 나에 대한 칭찬 이메일을 써 주었다. 부장님이 (센스 있게) 정말 많은 사람을 참조로 넣어준 바람에, 회사에서는 내가 수백 억의 성과를 만들어낸 사람으로 소문이 나게 되었다.

결국 나에 대한 평가는 1년 만에 '실적 초과 달성'하는 성과자로 180도 바뀌게 되었다.

무엇이 나를 바꾸었을까? 1년 사이에 나의 스펙이 달라진 것도 아니고 능력이 달라진 것도 아니었다. 내가 바꾼 것은 나의 시점뿐이었다. 시점을 바꾸기 위해 한 걸음 앞으로, 뒤로, 옆으로 발을 떼었을 뿐이었다. 내 시야에 들어온 더 많은 역할을 하다 보니 어느새 책임자처럼 행동하고 있었고 다른 사람들도 나를 책임자처럼 대하기 시작했다.

Tips

• 단편적으로 보지 말고 입체적 시점을 갖자.
• 입체적 시점을 가지면 다양한 질문이 쏟아진다.
• 그 질문들을 통해 내 업무의 범위가 훨씬 더 넓어지고, 동료들을 도울 방법, 팀 전체의 성과를 높일 방법을 찾을 수 있다.

MBA 준비 중이거나
미국에서 취업하고자 한다면

미국 취업 준비할 때 고려할 시점

미국에서 경영대학원 MBA를 졸업했을 무렵 나는 이미 마흔에 가까운 나이였다. 미국 학생들의 경우에는 21살 정도면 대학을 졸업하고 바로 MBA에 오는 경우도 있었고, 마흔이면 이미 임원 급이 되는 경우도 많았다. 경영대학원에서 나는 어르신 중의 어르신이었다.

MBA는 경력을 바꿀 수 있는 기회인 줄 알았는데, 무에서 유의 경력을 창조하는 곳은 아니었다. 한국에서의 통역사 경력은 개나 소나 영어를 하는 미국에서는 큰 도움이 되지 않았다. 미국 사람들에게 나는 아무 경력이 없는 사람과 마찬가지였다.

미국 친구들의 경우에도 경력을 바꾸기 위해 MBA에 오는 경우가 많았다. 제조업체 쪽에 있다가 MBA를 거쳐서 마케팅 쪽으로 가려고 하거나, 엔지니어링 하다가 MBA 이후에 금융 쪽으로 가려고 하거나… 그러나 현실은 그렇게 녹록지 않았다. MBA 이전의 경력이 금융이건 마케팅이건 엔지니어링이건, MBA 이후에도 같은 분야로 가게 될 경우가 훨씬 더 취업에 유리했다. 변호사를 했다가 MBA를 하고 경제 경영 관련 변호사로 특화하는 경우처럼, MBA가 일종의 날개를 달아주는 역할 정도는 잘 할 수 있었다.

나는 하필 '부동산' 쪽으로 가고 싶었다. 부동산은 현지 시장에 대한 이해가 꼭 필요한 분야였는데, 나는 미국에서의 부동산 경력이 없을 뿐 아니라, 한국에서도 부동산 경력이 없었기 때문에, 다른 외국인에 비해서는 영어가 약간 유리했지만, 다른 미국인에 비해 유리한 부분은 하나도 없었다. 그래도 내가 미국에서 취업을 하는 과정에서 알게 된 몇 가지가 있다.

1. 미국 취업에서 유리한 분야: 우선 미국에서 취업하고자 하는지 한국에서 취업하고자 하는지 미리 생각해 봐야 한다. 미국 MBA에서 주로 많이 가는 분야는 금융, 컨설팅, 마케팅, 비영리 사회적 기업 등 다양하다. 이 중에서 미국에 살던 교포가 아닌 외국인들에게 유리한 분야가 있고, 불리한 분야가 있다. 컨설팅은 미국 학생들과 다른 시각을 보여줄 것으로 기대되는 외국인 학생들에게도 유리한 분야이다. (단, 영어로 고객을 설득할 수 있는 정도의 영어 실력이 있어야 한다.) 아시아인들은 숫자에 강하다는 선입견이 있기 때문에, 금융(재무, 회계 등)이나 엔지니어링 쪽은 아시아 학생들에게 상대적으로 유리하다. 한편, 미국 내 마케팅에 대해서는 '외국인이 미국 사람들의 심리를 얼마나 이

해하겠어?'라는 선입견이 있어서 (글로벌 시장을 겨냥하고 뽑는 경우가 아니라면), 미국 학생들에 비해 불리하다. 미국 현지 시장에 대한 이해도가 높아야 한다고 생각되는 분야에서는 외국인이 불리할 수밖에 없다. 결국 영어가 모국어 수준이 아니고, MBA 이전 분야 그대로 갈 계획이 아니라면, 외국인에게는 금융이나 엔지니어링, 의학 등 영어보다는 실력이 훨씬 더 중요한 분야가 상대적으로 유리하다.

2. 미국 취업에서 유리한 지역: 미국 내에서 특별히 연고가 있는 지역이 없다면, MBA를 나온 주State에서 취업하는 것이 상대적으로 유리하다. 미국에서 어떤 MBA를 가건 하버드 정도 아니면, 해당 주State에서 가장 잘 알아준다. 미국은 한 주State가 우리나라보다 큰 경우가 많다 보니, 각 주에서 가장 유명한 학교는 그 주에서 서울대 정도의 대우를 받는다. 그러므로 MBA를 나온 그 주에서 취업을 하는 것이 가장 유리하다. 뉴욕이나 샌프란시스코 등 대도시는 많은 미국 젊은이들이 선호하는 지역이라 경쟁이 심해서 외국인의 경우에는 어지간히 특출나지 않으면 뽑히기 어렵다. 작은 도시의 경우는 '우리 동네와 연고도 없는 사람이 여기 와서 정착하고 살 수 있겠어?' 식으로 생각하기 때문에, 아무 연고도 없는 사람을 잘 뽑으려 하지 않는다. 좋은 기회만 있다면 다른 대도시로 가버릴 것 같기 때문이다. 학교나 직장 경험 등을 통해 연고가 있는 지역을 선택하는 것이 유리하다.

3. 취업 분야를 결정해야 하는 타이밍: MBA를 시작하기 전에, 혹은 MBA를 시작하자마자, 졸업 후에 어떤 분야로 갈지 마음의 결정을 하는 게 좋다. 1학년 끝나고 여름 인턴십을 할 때, 무슨 일이 있어도 졸업 후 가고자 하는 분야에서 여름 인턴십을 해야 하기 때문이다. 일단 여름 인턴십도 못 구한 사람은 졸업 후 취업하기가 어렵다. 인턴십은 마케팅 쪽으로 해놓고, 졸업 후에는 금융을 하겠다고 하면, 금융 쪽으로 열정이 있다고 믿어주지 않는다. 이력서 상에 일관된 스토리가 있어야 한다. 취업이 안 돼서 아무 생각 없이 전공 분야를 바꾸는 것처럼 보이면 설득력이 없다.

나의 경우에는 여름 인턴십을 구할 수가 없었다. MBA를 오는 이유가 대부분 경력을 바꾸고자 하는 것인데, 아이러니하게도 MBA 이전 경력이 없으면 여름 인턴십을 구하기가 어렵고, 여름 인턴십을 구하지 못하면 졸업 후 직장을 구하기가 더 어려워진다. 더구나 부동산 분야는 인턴십 기회 자체가 별로 없는데, 나처럼 경력 없는 외국인을 뽑아줄 리 만무했다. 다른 사람의 경우에는 고국에 가서라도 인턴십을 해 오기는 하는데, 나에게는 (40에 가까운 해당 경력 전무한 여성에게는) 미국보다 한국에서의 취업이 더 어려울 것이 뻔했다.

1학년 초에 무작정 (수업을 들어본 적도 없는) 부동산 학과 교수를 찾아 갔더니, "내가 너를 어떻게 알고 추천을 하겠느냐?"라고 했다. 사실 너무나 당연한 말씀이었다. 미국 사람들은 잘 모르는 사람을 잘 안다고 추천서를 써 주지는 않는다. 절실한 마음으로 부동산 공부를 정말 하고 싶다고 했더니, 2학기 수업에 수강 신청을 할 수 있도록 도와주었다. (그 교수님의 수업은 수강 신청 경쟁이 치열한 과목이었다.) 결국 그분의 수업을 들었지만, 없던 인턴십 기회가 생길 리는 만무했다. 그러나 내가 워낙 절실하게 인턴십 기회를 여쭤보니, "최근 MBA 졸업생 중에서 부동산 개발을 위해 개인 회사를 차린 친구가 있는데, 그 친구한테 연락해 보겠는가? 월급을 줄 여력은 없을 것 같지만"라고 하셨다. 결국 난 그 졸업생 (컨설팅 하다가 부동산 개발 사업을 차린 1인 기업 미국인)을 찾아 가서, 두 달 동안 열심히 일을 도왔다. 월급을 받지는 못했지만, 이력서에 인턴십 경험을 한 줄 넣을 수 있었다.

4. 선택 과목: MBA 경영 과정을 골고루 듣되, 내가 가고자 하는 분야의 수업을 2~3개 더 듣는다. MBA의 장점은 경영의 어느 분야건 특화했다고 '주장'할 수가 있다는 것이다. 내가 졸업 후에 가고 싶은 분야가 마케팅이면 마케팅 관련한 심화 수업을 2~3개 더 듣고, 금융이면 금융 관련 심화 교육 수업을 2~3개 더 들으면 된다. 졸업할 때 이력서에 어떤 수업을 들었는지 적는 경우가 많고, 인터뷰 때에도 질문을 받을 때가 많은데, 그때 가고자 하는 분야의 수업을 많이 들었다고 강조할 수 있어야 한다.

5. 나이와 성별: 나이나 성별은 상대적으로 문제가 덜 된다. 미국에서는 나이, 성별, 인종 등에 따라 차별을 하면 안 된다고 해서, 이력

서에 본인의 나이를 밝히지 않아도 된다. 인터뷰 중에 나이를 물어보는 것 자체가 불법이다. 다행이 미국 사람들이 동양인의 얼굴을 보고 나이를 가늠하지 못하는 덕분에 나도 마흔이 다 된 나이에 취업을 할 수 있었다. 그러나 입사 후에 나의 인적 사항을 살펴본 당시의 나의 보스는 내 나이를 보고 의자에서 고꾸라질 정도로 놀랐다. 대학원 갓 졸업한 내가 15년 이상 경력을 갖고 있던 나의 보스와 동갑이었기 때문이다. 이력서에 나이를 밝혀야 했다면 아마도 나는 미국에서도 취업이 되지 않았을 것이다.

시대에 따라 상세한 규정은 달라지지만, 미국에서 외국인을 고용하기 위해서는 회사에서 상당한 비용을 지불해야 하고, 복잡한 과정을 거쳐야 한다. 정부 부서에 공식적인 신청서를 내야 하고, '미국인을 도저히 구하지 못해서, 외국인이라도 고용해야 하는 이유'를 미 정부에 제출해야 하기 때문에 변호사의 도움을 받는 경우도 많다. 외국인을 뽑지 않는 회사가 많은 이유이다.

결국 외국인이 미국에서 취업하기 위해서는 미국 고용주의 시점을 생각해 볼 필요가 있다. 기본적으로 미국인이 부족하지 않은 업종이나 지역에서는 외국인을 뽑을 이유가 없다. 이에 따라 미국인이 선호하지 않는 지역이나 미국인이 상대적으로 약한 분야, 공급보다 수요가 훨씬 큰 분야를 집중적으로 공략하는 것이 가장 유리하다고 볼 수 있다.

미국 보스의 시점

　미국 보스는 다른 줄 알았다. 처음에는 다른 점만 눈에 보였다. 일단 미국 보스들은 말조심을 많이 하는 편이다. 인종, 성별, 외모 등에 대해서는 여간 친하지 않은 한 함부로 농담하지 않는다. 미국은 워낙 다양한 인종이 사는 나라이다 보니 말할 때 조심하는 것이 습관화 되어 있는 것 같았다. 말 잘못했다가는 언제 소송에 휘말릴지 알 수 없는 사회다. 인사부와 법무팀에서 늘 말조심 교육을 받는 모양이다.

　개인성과에 냉철하지만 공정한 편이다. 평가에 매우 솔직하다. 단도직입적으로 의견을 준다. 애매한 피드백을 주는 일은 없다. 개인이 성과를 내야 하는 분위기이기 때문에, 연공서열이나, 평점 몰아주기 같은 것은 흔하지 않다. 성과 평가할 때에는 팀원이 열심히 한 내용을 조목조목 준비해 가지 않으면 '미국 보스도 내가 말 안 하면 알아주지 않는구나…'만 느끼게 해준다. 그렇지만 주인 의식을 갖고 스스로 열심히 일한 팀원에게는 기회를 주고 좋게 평가해 주려 노력한다. 팀원들이 명확하게 연간 업무 목표를 세우고, '주인의식'을 갖고 철저하게 성과를 관리하지 않으면 그냥 '평균' 점수를 받거나 그 이하를 받도록 환경을 조성한다.

　불필요한 회식으로 시간 낭비, 비용 낭비하는 일이 없다. 회식 문화가 거의 없다. 1년에 한 번 크리스마스 파티를 제외하고는 보스가 밥을 사주는 일이 거의 없다. 팀원들과 함께 출장을 가면 법인카드로

밥을 먹기도 하지만 그때뿐이다. 평소에 어쩌다 한번 팀원들과 우루루 밥을 먹을 때에도 '각자' 계산하는 것이 기본이다.

감사하다, 고맙다, 미안하다 등 표현에 적극적이다. 모든 보스가 이런 표현에 적성이 맞는 것 같지는 않았지만, 확실히 그런 표현을 적극적으로 한다. 예를 들어, 회사 인터뷰를 하거나 누군가를 만나면, 반드시 이메일로 '만나서 반갑다 고맙다' 연락을 취해 오기를 기대한다. (MBA 학생들은 이렇게 Thank you 이메일을 보내야 한다고 교육받는다.)

처음에 미국에서 일할 때는 한국과 다른 점만 두드러지게 보였다. 그러나 미국에서 몇 년 살다 보니, 결국 사람 사는 곳은 다 똑같다는 생각을 하게 되었다. 미국 보스도 마찬가지였다. 성실하게 열심히 일하는 사람은 보스를 무서워할 이유가 없다. 스스로 주인의식을 갖고 일하는 직원은 미국 보스도 붙잡고자 하는 인재가 된다.

우리나라의 '빨리빨리' 문화도 먹힌다. 보스가 요청한 사안에 대해 최대한 빨리 답을 해야 하고, 늦어도 하루 24시간 내에는 답장을 보내야 한다. 더구나 핸드폰으로 (당시는 블랙베리라는 1세대 스마트폰이 처음 도입되던 시기였다) 이메일을 보게 된 이후부터는 미국 보스들도 거의 실시간 답장을 기대한다. 나의 보스는 내가 보낸 이메일에 거의 대부분 (한밤중에도 새벽에도 휴가 중에도) 1시간 이내에 답을 해 주어서 나를 질리게 했다.

미국 사람들은 늦게까지 야근을 하는 문화가 아니기 때문에 (예외적인 직업도 있지만) 남들이 4시에 퇴근할 때 5시에만 퇴근해도 열심히 일하는 줄 안다. 미국 보스들도 열심히 일하는 것처럼 보이는 직원들을 좋아한다. 한편, 미국 사람들이 일찍 퇴근한다고 해서 일을 열심히 하지 않는 것은 아니다. 업무 시간 중에 집중도가 대단했고, 늘 성과를 내야 하는 사회이기 때문에, 정말 열심히 일하는 사회라는 느낌을 받았다.

미국 보스도 칭찬에 약하다. 나의 보스는 미국 사람 치고 감정 표현이 참 약한 편이었다. 평소에 말이 없고 무뚝뚝한 편이었는데, 어쩌다 나긋나긋한 말을 하면 직원들끼리 "오늘 무슨 리더십 책에서 그러라고 했나봐…"라고 뒷담화를 하곤 했다. 그런 보스도 어쩌다 우리가 칭찬의 말을 하면 매우 기뻐하는 것이었다.

미국 보스도 선입견을 많이 갖고 있다. 특히 동양인들에 대해서는 똑똑하고 숫자가 강한 반면, 소극적이라는 선입견이 있었다. 회의 때 다른 의견을 내지 않거나, 질문을 하지 않거나, "제가 하겠습니다"며 손들지 않거나, 밝게 웃으면서 인사하지 않거나, 농담을 하지 않아도 그런 팀원은 소극적이라고 생각했다.

나의 입장에서 보면, 윗사람이 말씀하셨는데 토를 달면 안 되는 줄 알아서, '다 알겠는데 뭐 질문을 하냐'고 생각해서, 미국 사람들이 악착같이 손을 드는데 뭐 나까지 손을 드나 싶어서, 나대는 것으로 보이고 싶지 않았던 것이지만… 미국 보스에게는 소극적으로 보일 뿐이다. 성격에 맞지 않아도, 모르는 사람한테 밝게 웃으며 인사하고, 회의 때 적극적으로 의견을 내거나 질문이라도 해야 미국 보스의 선입견을 조금씩 바꿔 나갈 수 있다.

결국 미국 보스이건 한국 보스이건 팀원들에게 기대하는 것이 크게 다르지는 않다. 그렇지만 정 많은 분위기의 한국 회사에 익숙한 사람들에게는 미국의 업무 환경이 너무 개인주의적이고 '정이 없다' 또는 심심하다고 생각할 수 있을 것 같다. 한편, 개인 시간이 중요한 사람들에게는 오히려 스트레스가 적은 환경이 될 수 있다. 외국에 살게 되면 삶이 단조로워지는 것 같다. 나의 경우에도, 미국에서 거의 10년을 살았지만 결혼식이나 장례식 등 경조사를 챙겨야 했던 경우가 딱 두 번 정도뿐이었다. 그 후 한국에 돌아오니 1년 내에 결혼식 세 번, 장례식을 네 번이나 갈 일이 있었다. 고향에 돌아오니 챙길 사람이 그만큼 많아졌다는 의미였을 것이다.

미국은 2시간 이내에 해고될 수 있는 나라

"나 방금 해고됐어. 이제 사무실에 들어갈 수는 없고… 난 집에 가는 중이야." 나와 친하던 옆 팀 이사님한테서 오후 3시경 전화가 왔다. '이게 도대체 무슨 소리지?' 순간 이해가 안 갔다. "I was just fired."라니… 내가 잘못 들었나?

사람들이 수군대는 얘기를 들어 보니, 이사님은 그날 점심식사 후에 갑작스럽게 회사 인사부에 불려갔다고 한다. 그리고는 2시간

후 경비원들의 에스코트를 받으며 주차장으로 가서 바로 퇴근해야 했다. 이사님의 노트북과 모든 사무용품은 어차피 회사 소유였기 때문에, '진정(?)'한 의미의 개인 소유인 옷가지 등만 경비원이 챙겨서 보내줬다. 결국 이사님은 그날 점심시간 이후 사무실에 돌아올 수 없었다.

미국에서 직장 생활하면서 가장 충격적인 경험이었다. 그날 점심시간에도 함께 농담하고 웃던 사람이 오후부터 안 보였다. 도대체 어찌 된 일일까? 이런 일은 회사 내부적으로 워낙 비밀스럽게 진행되므로 다른 직원들이 정확한 진위를 알 수는 없었다.

회사에는 '겸직 금지'라고 되어 있었는데, 그분은 개인 회사를 차리고 있었던 것 같다. 이해 상충에 해당하는 일이 있었던 것 같은데, 이것도 추측일 뿐이다. 그러나 소리 소문 없이 2시간 내에 임원 급인 사람이 해고될 수 있다는 사실에 정말 깜짝 놀랐다. 미국은 이런 사회구나….

본인도 회사도 이 일에 대해서는 비밀유지를 하기로 서명한 후 회사를 나가는 것이기 때문에, 이분이 도대체 무슨 일을 어떻게 했길래 해고가 될 수 있었는지 우리는 알 수 없었다. 업무 인수인계 과정도 없었다. 그분이 해고된 후 남아 있는 사람들끼리 업무를 나누었고, 컴퓨터에 있는 그의 파일들을 받아서 업무를 계속했을 뿐이다.

미국에서는 임의 고용at-will employment이라고 해서, 고용주는 (불법적인 이유만 아니면) 이유를 불문하고 직원을 해고시킬 수 있는 경우가 대부분이다. 미국인이야 그러려니 하고 다른 회사로 가면 되겠지만, 외국인은 해고되면 미국이라는 국가에서 1달 내에 출국해야 한다. (최근에는 60일로 규정이 바뀌었다는 얘기를 들은 바 있다.)

미국 회사는 해고를 자유(?)롭게 할 수 있기 때문에, 철저히 성과 기반의 업무 환경이 된다. 근태를 관리할 필요도 없다. 알아서 열심히 일해야 하는 살벌한 분위기가 만들어질 수밖에 없다. 개인이 나태해지면, 1~2년 내에 정리된다고 생각하면 된다. 단돈 10만 원이라도 회삿돈을 함부로 사용했다고 판단되면 그 자리에서 바로 해고될 수 있다.

회사 전체 차원에서 방만한 경영을 하면 다른 회사에 합병되고, 합병된 회사의 직원들은 거의 다 직장을 잃게 된다. 미국 제조업체의 부동산 팀에서 근무할 당시, 우리 회사가 다른 큰 제조회사(미국 500대 기업 중 하나)를 합병했었다. 합병당한 회사의 본사에 가서 합병 후속 작업을 했다가 깜짝 놀란 적이 있다. 합병되면 곧 정리해고가 될 것으로 예상하고, 거의 모든 직원이 이미 다른 직장을 알아보고 퇴사를 한 상태였다. 자산에 대한 정보를 얻고자 했으나, 내용을 알 만한 사람들은 모두 퇴사한 상황이라 정보를 받는 것이 거의 불가능했다. 2시간 내에 해고될 수 있는 나라이다 보니, 최대한 빨리 직장을 알아보는 것이 현명한 상황인 모양이었다.

내가 이렇게 살벌한 나라에서 일하고 있구나… 나에게 저런 일이 생기면 어떻게 될까? 내가 다니는 회사가 합병되는 경우도 있을 수 있을 텐데… 내국인인 미국인은 다른 직장을 찾으면 되지만, 외국인은 미국에서 직장을 구하는 험난한 과정을 (그것도 단기간 내에) 다시 거쳐야 했을 것이다. 미국이 큰 나라이지만 동종 업계에서는 우리나라처럼 모두가 거미줄처럼 엮여 있기 때문에 한 다리 건너면 모두 알게 되는 것은 똑 같았다. 합병될 만큼 위험에 빠져 있던 회사에서는 실적을 내기도 어려웠을 수 있고, '그저 무난한' 실적으로 외국인이 이직을 하기는 더욱 어려웠을 수 있다.

내가 외국인이어서 모든 것이 생경하게 보였을지도 모르겠다. 한국에서 경험해보지 못한 다른 세계, 다른 환경에서 근무해보는 경험은 나의 지평을 넓게 해주고, '다름'에 대해 더 많이 포용할 수 있게 도와주었다. 외국인인 나에게도 공정한 기회를 주었다는 점에서, 주인의식에 대해 눈을 뜨게 해 주었다는 점에서, 한국에 돌아왔을 때 도움이 되는 경험을 하게 해 주었다는 점에서 감사한 경험이었다. 그러나 외국인으로 계속 살고 싶지는 않았다. 혹시 누군가가 "다시 해외에 나가서 일 하겠냐"고 묻는다면, 아주 단기적인 경우가 아니면 No라고 말할 것 같다. 나는 한국에서 '내국인'으로 살고 싶다.

chapter **2**

커리어 초기부터 바꿔라

나에 대한 시점

기회의 신은 머리카락이 앞에만 있다고?

그리스 신화에 나오는 '카이로스'는 우스꽝스러운 모습을 갖고 있었다고 한다. 벌거벗고 있어서 눈에 잘 띄고, 등과 발에는 날개를 달아 바람처럼 빠르게 달아날 수 있고, 손에는 칼과 저울을 쥐고 있어 날카로우면서도 신중함을 요구하고, 머리카락은 앞에만 무성하게 있고 뒤통수는 대머리라서, 앞에 있을 때는 잡을 수 있지만, 돌아서고 나면 뒤에서 잡을 수는 없었다고 한다. 그의 이름은 '기회'이다.

어렸을 때 어디선가 들은 '기회의 신'의 모습이 오래도록 기억에 남았다. 앞에 왔을 때 붙잡지 않으면 놓치게 된다니. 눈에 잘 띤다는데 어떻게 알아보지? 지금 내 앞에 있는 이 일이 기회일까? 기회가 앞에 있을 때는 알아보지 못하다가, 놓치고 나서 돌이켜 생각해보면 기회였던 것 같은 경우가 많다. 그래서 기회를 잡기가 쉽지 않은 모양이다.

대부분의 사람들은 기회를 알아보는 특별한 능력이 없다. 나도 마찬가지다. 그래서 기회 비슷한 것이 내 앞에 놓이면 일단 붙잡고 봐야 한다고 생각한다. 특히 회사나 경력을 위한 새로운 기회는 일단 잡고 보는 것이 낫다. 물론 이번 기회가 먼 미래에 어떤 결과를 가져다줄지는 아무도 모른다.

내가 다니던 회사의 미국 본사에서 CEO인 회장님이 한국에 왔을 때 다른 임원들과 함께 점심을 할 기회가 있었다. 어쩌다 보니 회장님 옆에 앉게 되었다. 나는 CNN인터뷰를 통해서나 볼 수 있었던 회장님을 직접 만나게 되어 은근 설레기도 하고 부담스럽기도 했다. 그분은 전 세계 10만 명이 넘는 조직의 회장인 데도 늘 겸손한 태도로 말하는 분이었다. 외국 사람들의 나이는 쉽게 공개되지 않아서 정확한 나이는 알 수 없으나, 아마 60대일 것으로 추측한다.

미국에 본사를 둔 다국적 기업의 입장에서 한국이 그리 크거나 중요한 시장은 아니었을 수 있다. 그럼에도 불구하고 회장님은 (코로나 이전에) 거의 1년에 한 번 꼴로 한국을 방문했다. 100여 개 국에 있는 10만 명 이상을 관리하는 분인데… 1년에 100여 개 국가의 반만 방문해도 도대체 며칠을 비행기에서 살아야 하는 걸까? 미국 내에서의 출장도 많을 텐데, 어떻게 그런 일정으로 살 수 있는지 가늠도 안 되고 놀랍기만 했다. 더구나 홀홀단신으로 해외 출장을 오는 일이 많았다. TV에서나 보던 회장님이 아무 수행 인원 없이 혼자 작은 가방만 들고 나타나는 모습이 신선하기까지 했다. 매일 저녁 8시 정도에는 취침을 하고, 새벽 3시에 일어나 전 세계에서 온 이메일을 다 본다고 했다. 새벽 시간에는 시차가 다른 유럽 및 아시아와 통화하기 좋다고 했다. 아마도 회식을 좋아하는 성격은 아닐 것 같았다. 나는 작은 나라의 일개 임원으로 120명 정도를 관리하는 데도 눈코 뜰 새 없이 바쁘고, 출장이라도 한 번 다녀오고 나면 밀린 스케줄을 처리하기가 숨이 가쁜 상황인데, 회장님은 그 많은 나라와 인원을 어찌 관리하는지 경이롭기만 했다. 철저한 자기 관리를 하는 사람만이 소화할 수 있는 일정과 책임이 아니었을까 생각했다.

점심을 먹으면서, "회장님은 어떻게 그 자리에 오르시게 되었나요?"라는 질문을 했다. 조금 뜬금 없었지만 진심으로 궁금했다. 회장님은 미소를 띠며 천천히 답을 해 주었다. 아마 처음 듣는 질문은 아닌 것 같았다. 오래 전, 회장님이 속해 있던 회사가 현재의 우리 회사에 합병이 되었다. 미국에서는 합병된 회사의 직원들은 구조조정 대상이 되는 일이 많아서 어려운 시기였을 것이다. 합병된 회사의 임원들은 무거운 몸값으로 입지가 더욱 불리했을 것으로 추측된다. 그 힘든 시기에 회장님은 당시 우리 회사의 CEO였던 사람에게 전화를 해서 "혹시 아무도 맡기 싫어하는 역할이 있으면, 제게 기회를 주십시오"라고 말했다.

그 통화가 있었던 이후 몇 년 동안 아무 연락이 없었다. 그런데 어느 날 위기가 찾아와, 어느 누구도 CFO(재무 총괄) 역할을 맡으려 하지 않았다. 그제서야 회장님은 CFO를 한번 해보겠냐는 제안을 받았다. 당시 우리 회사의 CEO였던 분이 회장님과의 통화를 기억해낸 모양이었다. 재무상태가 엉망인 회사의 CFO 포지션은 위험이 큰 역할이다. 열심히 해도 성과가 없을 수 있고, 한번 망치면 이후 커리어도 함께 망가질 수 있다. 그러나 회장님은 아무도 원치 않는 그 역할을 선뜻 하겠다고 나섰다. CFO 역할을 성공적으로 수행하여, 결국 CEO의 자리에 오를 수 있었다.

불확실한 기회가 생겼을 때 일단 의심부터 하는 사람이 의외로 많다. '왜 나를 그 자리에 넣으려고 하지?' 힘들고 폼 나지 않는 포지션이라고 생각하면 더욱 그렇다. 여기에는 자존심도 한몫을 한다. '내가 더 좋은 포지션을 차지하기에는 부족하다는 것인가?'라고 생각할 때도 있다.

회사를 들어가기 전과 후가 다르게 마련이다. 많은 회사에서 '발령'이라는 제도를 통해 직원들의 포지션이나 출근할 사무실 위치를 예기치 못하게 바꾸는 회사도 있고, 어느 정도 사무실 위치나 업무가 고정되는 회사도 있다. 어느 경우이건 상황은 크게 다르지 않다. 새로운 기회가 왔을 때 직원들이 갖는 거부감은 생각보다 크다.

첫째, 승진과 같은 수직 이동이 아닌, 횡적 이동을 하는 포지션에 대해 거부감이 크다. 위로만 가야 한다고 생각하고, 옆으로 가게 되면 뭔가 뒤처진다고 생각한다.

둘째, 서울 외 지역은 말할 것도 없고, 서울 내에서 사무실 위치를 옮기는 것에도 거부감이 크다.

셋째, 새로운 기회에 대해 회사에서 나쁜 의도를 갖고 있는 것은 아닌지 일단 의심한다.

변화는 받아들이기 쉽지 않다. 일단 싫은 것은 이해가 간다. 그러나 시점을 바꿔보자. 변화는 곧 기회이다. 지금 당장은 변화가 싫더라도, 같은 업무만 하면서 커리어가 성장되기를 기대하기는 어렵다. 회사에서는 기회만 된다면 다양한 경험을 하는 것이 좋다.

주니어 시절에는 전문성을 갖고 싶은 마음에 '다양한 경험'을 의심하고 걱정할 수는 있다. 그러나 어떤 회사에서 일을 하건, 이미 그 업계에서 전문가가 되기 위한 길을 가고 있는 것이다. '나는 아직 전문성을 갖추지도 않았는데 왜 이 일 저 일 막일을 시키시지?' 생각할 수 있다. 그러나 이 때 다양한 경험을 할 수 있는 기회가 주어진다면 무조건 해 봐야 나의 지평을 넓힐 수가 있다. 좋은 포지션이면 좋고, 나쁜 포지션이면 더욱 큰 기회가 될 수 있다. 나쁜 포지션을 '기꺼이 기쁘게 그 역할을 맡아주는' 직원을 회사에 있는 누군가는 기억하게 된다. 나쁜 포지션인데도 잘 해내면, 그 사람에게는 '능력자'라는 꼬리표가 붙는다. 추후에 중요한 기회가 생길 때, 회사에서는 힘든 일을 잘 해낸 그 사람에게 기회를 먼저 주려고 노력하게 된다.

'아무도 하기 싫어하는 역할'을 기꺼이 하는 사람들에게는 새로운 기회가 오게 마련이다. 기회가 왔을 때 신속하게 판단해서 지나가 버리기 전에 잡는 것이 좋다. 좋은 포지션이라고 판단되면 좋은 포지션이니까 기쁘게 붙잡자. 나쁜 포지션이라고 판단되면, 이번이야말로 나를 증명할 기회라고 생각하고 붙잡자. 나를 증명하지 못하더라도 나에게 다양한 경험을 주게 될 것이다. 누가 봐도 안 좋은 포지션을 잘 해내게 되면 더 큰 빛을 발하게 된다. 선뜻 기꺼이 수락하게 되면 '적극적이고 긍정적인' 사람이 되는 것도 덤이다.

: 2 :

내 미래의 주인이 되려면

나이 스물이 되었을 때 나는 알게 되었다. 어느 누구도 내 인생을 대신 살아주지는 못한다는 것을. 오늘의 내가 한 일에 대해 내일의 내가 책임져야 한다는 것을.

공부를 하지도 않으면서 공부해야 할 것 같아서 놀지도 못하던 고등학생 시절. 그때만 해도 고등학교에서 저녁 자율학습으로 밤 10시까지 학교에 붙잡혀 있던 시절이었다. 나는 자율학습 시간을 하루도 빠짐없이 숙면을 취하는 데 활용했다. 어떻게 매일 저녁 4시간 내내 책상에 엎어져서 잘 수가 있는지, 지금 생각해도 뼈마디가 유연하던 시절이었던 것 같다. 그렇게 졸기만 하다 보니 대학 입학 학력고사를 잘 봤을 리가 없었다.

'이대로 대학을 떨어지는 건가?' 우리 집에서는 '재수는 절대 안 된다'라는 분위기였기 때문에 재수를 할 수도 없고.

공부를 안 해도 어느 정도 성적이 나오던 모의고사와 인생에 단한 번 밖에 없는 학력고사는 차원이 다르다는 것을 알게 되었다. 그나마 그때는 과외나 학원 등 사교육이 전면 금지되던 시절이라서 다른 아이들도 나처럼 별다른 족집게 강사의 도움을 받지 못한 건 마찬가지였고 모두 공부하기 싫어하던 시절이었다. 그나마 상대평가의 혜택(?)을 받아 내가 공부한 양에 비해 덜 처절한 점수를 받았을지도 모르겠다.

다행인지 불행인지, 당시에는 선시험 후지원이 가능하던 때였다. 학교나 학과에 대한 소신 지원은 그저 부러운 것이었고, 대부분은 본인의 성적에 맞는 학교의 학과에 지원하던 상황이었다. 우리 집도 막판 눈치작전에 뛰어들어, 원서 접수 마감 5분 전에 가장 미달이던 학과에 원서를 넣었다. 그런데 이런 생각을 하는 게 우리 집뿐만은 아니었는지, 내가 지원한 학과에 막판에 원서가 몰려서, 다른 학과보다 두세 배는 높은 경쟁률이 되어 버렸다. 그때 나는 생각했다. '내가 공부를 안 했더니 이렇게 요행을 바라고 내 인생을 운에 맡기게 되는구나…'.

그러나 역시 막판에 눈치작전으로 원서를 넣는 대다수의 학생들끼리의 경쟁률은 허수가 많은 모양이다. 나중에 보니 내가 거의 꼴찌에서 두 번째 정도 되는 성적인 것 같기는 했지만, 나는 합격의 영광을 안게 되었다. (눈치작전을 하지 않아도 되었던 같은 학과 친구와의 성적 차이가 엄청났다는 것을 알게 되었다. 차마 내 성적을 말하지는 못했다.) 왠지 찜찜했다. 고등학교 졸업할 때까지 큰 굴곡 없이 곱게 살았던 것인지,

태어나서 처음으로 비정한 세상에 첫 발을 내딛은 사회인이 된 기분. 생애 첫 사회로의 관문에서 간당간당하게 턱걸이를 한 느낌. 어른이 되는 첫 번째 테스트에서 낙제점을 받은 느낌이었다.

고등학생 시절에 내가 해야 했던 것은 공부밖에 없었는데… 그 단 한 가지 '공부'를 안 하고 준비 없이 졸업을 맞이하면 이렇게 되는구나. 시험은 어느 누구도 대신해줄 수 없구나. 좋은 대학이건 나쁜 대학이건, 어떤 학과이건, 모두 내 이력서에 평생 따라다니는 꼬리표가 되겠구나. 이렇게 중요한 것을 내가 너무 가볍게 생각하고 고등학생 시절을 보냈구나….

내 미래의 주인이 되려면 미래를 계획하고 준비해야 한다는 것을 그때 알았다. 오늘 내가 하는 일은 1년 후, 그리고 10년 후 끊임없이 나에게 영향을 미치게 될 것이다. 대학생 생활에서도 미래에 대한 준비 없이 졸업을 맞이하고 싶지는 않았다.

이제부터는 미래를 준비해보자. 가깝게는 1년, 멀게는 10년을 준비해보자. 10년 후 나는 어떤 모습일까? 10년 후 나는 무엇을 하고 있을까? 10년 후에 아무것도 아닌 사람이 되어 있을까 봐 두렵기도 했지만, 10년 후의 내 모습을 근사하게 상상해보는 것은 나에게 희망이 되었고 현재의 나를 다그치는 채찍이 되어 주기도 했다.

어떤 사람은 미래에 되고 싶은 것도 없고 꿈도 없다고 말한다. 꿈이 없다면, 10년 후 오늘 그대로의 모습이어도 괜찮은지 물어보고 싶다. 나이는 열 살 더 먹었는데, 여전히 꿈도 없고 아무것도 축적한 것이 없어도 괜찮을까? 10년 후 내 모습이 달라져 있기를 원한다면 10년 후 나의 모습에 대해 구체적으로 생각할수록 좋다. 나는 10년 후 무엇을 하고 싶은가? 어떤 모습으로 살고 싶은가? 회사의 임원이 되고 싶은 사람도 있을 것이고, 영업왕이 되고 싶은 사람도 있고, 누구나 자문을 구하고 싶은 컨설턴트, 내가 속한 업계의 최고 실력자가 되고 싶은 사람도 있을 것이다.

1. 10년 후 나의 모습을 구체적으로 상상한다.
2. 내게 중요한 것은 돈인가 지위인가 영향력인가 다른 가치인가?
3. 내가 닮고 싶은 사람은 누구인가?
4. 어떤 미래가 나에게 행복감을 주는가?

돈이라면 얼마를 원하는지, 지위라면 어떤 지위를 원하는지, 닮고 싶은 사람이 누구인지 구체적으로 상상해보자. 미국의 심리학자 댄 길버트Dan Gilbert는 "10년 전 과거의 나를 기억하기는 쉽지만, 10년 후 미래의 나를 상상하기는 어렵다. 내가 원하는 미래의 모습을 상상하지 못하면, 미리 포기하기 쉽다"고 말했다. 10년 후 내가 원하는 모습을 상상해보자. 내가 좋아하는 일은 무엇인가? 내가 상상하는 '행복한 사람'은 어떤 사람인가? 꿈이 있다면 꿈을 이룰 때까지 계속 꿈을 꾸자. 꿈이 현실이 되는 상상을 계속하자.

나중에 보니 10년 후를 끊임없이 상상하는 것이 일종의 Visualization시각화, 가시화이라고 한다. 1997년 미국의 배우 짐 캐리Jim Carrey는 〈오프라 쇼Oprah Winfrey's show〉에 출연해서 무명 시절에 자신의 성공을 얼마나 구체적으로 상상했는지 말했다. 가난한 자신이 언젠가 할리우드 스타들이 사는 동네에 살고 있는 모습을 상상하면서 그 동네를 바라봤다고 한다. 아주 구체적으로 3년 후에는 천만 달러 수입을 올릴 수 있을 것이라고 다짐하면서 천만 달러를 수표에 써서 지갑에 넣고 다녔다고 한다. 짐 캐리가 본인에게 발행한 수표는 지갑 속에서 헤어져 갔지만, 3년 후 놀랍게도 덤앤더머Dumb&Dumber로 천만 달러 수입이 현실이 되었다고 한다. 이렇게 '잘 될 것이다'라는 구체적인 상상visualization을 통해 실제 성공을 이끌어낸 사람들이 있다. 물론 상상만 하면 될 것이 아니라 꿈을 이루기 위해 지속적인 노력을 해야하지만, 구체적인 꿈을 갖고 노력하는 것과 아무 생각 없이 그저 열심히 하는 것은 엄청난 차이가 있다는 의미이다.

어릴 때 "커서 뭐가 될래?" 하고 물으면 대통령부터 의사, 변호사, 선생님, 경찰, 연예인 등 다양한 꿈을 꾸는 일이 당연했지만, 나이가 들면서 지나치게 현실적이 되는 경우가 많다.

나이가 들면 이제 기회가 얼마 없다고 생각해서 그런지 모르겠다. 그러나 앞으로 우리 대부분은 너무 오래 살게 될 것 같다. 나이 30이면 앞으로 70년을 더 살 수도 있고, 나이 50이면 아직 30년을 더 살게 될지 50년을 더 살게 될지 알 수 없다.

그럭저럭 운에 맡기고 살아가기에는 너무 긴 시간 아닌가. '된다'

'안 된다'에 대한 생각은 잠시 접어두자. 너무 현실적이 되지는 않아도 된다. 계속 미래에 대한 꿈을 꾸자. 미래를 구체적으로 상상하는 그 자체가 꿈을 향해 오늘 한 걸음을 내딛은 것이 된다.

: 3 :

미래의 나를 위해 오늘 해야 할 일

'주인'이라는 의미를 갖고 있는 영어 단어에는 마스터master가 있다. 사전을 찾아보니, '어떤 분야에서 권위가 있는 사람'이라는 뜻도 있고, '컨트롤(통제/제어)을 할 수 있는 사람'이라는 뜻도 있다고 한다. 내 미래의 주인이 되려면 나의 미래를 컨트롤 할 수 있어야 한다는 의미이다. 컨트롤까지는 아니라 하더라도 방향성 정도는 잡을 수 있어야 하지 않을까. 아무 생각 없이 오늘을 보내고, 그런 오늘이 모아지면, 더 이상 나의 미래에 대한 주인이 내가 아닌 것이 된다.

내가 원하는 미래, 10년 후를 압정으로 꽂아 놓고, 거기에 실을 묶어 오늘로 끌고 와 보자. 미래를 준비하기 위한 브레인스토밍brain-storming을 '오늘' 해야 한다. 내가 원하는 미래에 시점을 고정시키고, 그 미래를 향해 조금씩 나아가야 한다. 산 정상을 바라보며 줄을 잡고 당기며 계속 위로 올라가는 것과 마찬가지다. 그 과정에서 옆으로 가거나 뒤로 떨어질 때도 있을 것이다. 때로는 목표 지점을 수정해야 할 수도 있다. 그러나 현재 목표하고 있는 그 지점에서 눈을 떼지 않는다면, 나는 다시 적절한 경로를 찾을 수 있게 된다. 방향성이 없이 하루하루를 살아가면 요행에 맡기는 삶이 될 수밖에 없다. 내 미래의 주인이 되려면 오늘 그 방향으로 한 걸음을 떼어야 한다.

나는 10년 후 성공적인 커리어를 갖고 싶었다. 전문직을 갖고 싶었고, 국제무대에서 일하고 싶었고, 다른 사람에게 좋은 영향을 미칠 수 있는 사람이 되고 싶었다. 이런 생각만 해도 가슴이 뛰었다. 나는 내 미래의 주인이 되고 싶었다.

'국제무대에서 활약하는 전문직.' 애매하고 뜬구름 잡는 꿈이었다. 어디서부터 시작해야 할지 감이 안 잡혔다. 내가 대학생이던 시절에는 여성이 운전면허를 따는 것도 흔하지 않게 여겨지던 시절이었다. 그러다 보니 '국제무대에서 활약하는 전문직'이 된다는 것은 엄청나게 큰 꿈으로 느껴졌다. 그런 일을 하는 사람도 주변에서 알지 못했다.

몇 안 되는 친한 선배들이나 친구들에게 물어봐도 "벌써 10년 뒤를 걱정해? 이번 주에 닥친 시험 공부나 해라" 하는 사람도 있었고, 어깨를 툭 치며 "잘해 봐" 하는 사람도 있었지만, 구체적으로 뭘 해야 하는지 아는 사람은 거의 없었다. 방송에서 '국제'나 '해외'라는 단어가 포함된 직업을 들을 때마다 귀를 쫑긋해 보니, 국제적인 업무를 하는 사람들로 다국적 기업, 국제 무역, 해외 지사, 통역사 등에 대해 듣게 되었다.

누군가가 미래의 나를 준비하기 위한 가장 효과적인 방법 중 하나는 가상 이력서를 작성해보는 것이라고 알려주었다. '국제무대에서 활약하는 전문직'을 이력서 '경력'난의 맨 위에 놓고, 맨 아래에는 현재의 나 '평범한 대학생'을 넣어 보았다. 뻥 뚫린 중간을 무엇으로 채워야 할까? 학위, 직장, 자격증, 특별한 경험이나 사업?

내가 원하는 미래를 매일 종이에 쓰는 사람도 있고 미래의 나에게 편지를 쓰는 사람도 있다. 나의 경우에는 매년 1월 1일 '일기日記가 아닌 '연기年記'에 지난 1년을 돌아보며 앞으로 1년 동안 무엇을 하고 싶은지 상상했다. 어떤 전문직을 가질까? 사범대학 영어교육학과에 다니고 있는데 갑자기 의대나 법대를 가서 의사나 변호사가 되기는 쉽지 않을 것 같고. 어차피 그 지긋지긋한 대학 입시를 다시 치를 수 있을 것 같지도 않았다. 상상력이 부족하다 보니 중고등학교 선생님이 되어서 국제무대에서 일할 수 있는지는 잘 모르겠고….

10년 후 어떤 사람이 되고 싶은지 그림을 그려 보는 것만으로도 벅찬 일이지만, '되고 싶다'는 마음만 있다고 해서 저절로 되는 것은 아니다. 내가 원하는 미래를 갖고 있는 사람, 내가 원하는 커리어를 이미 갖고 있는 사람들은 누구인지 찾아보자. 그 사람들은 어떻게 커리어를 구축했나? 무엇을 전공하고, 어떤 회사에서 일하고, 어떤 업무를 맡았나? 그 사람들은 10년 전에 무엇을 하고 있었을까?

누군가 "나를 누구와 동일시하느냐가 인생을 결정한다"고 한 것처럼, 롤 모델role model, 멘토, 존경하는 사람을 갖는 것은 내가 흔들릴 때 잡아주는 역할을 한다. 맥도날드를 최초에 시작한 것은 (누구나 예상할 수 있는 것처럼) 맥도날드 형제이지만, 맥도날드를 전국적인 체인으로, 나아가 전 세계적인 체인으로 키운 것은 레이 크록Ray Kroc이라고 한다. 믹서기 등을 판매하던 레이 크록은 52세 나이에 맥도날드에 대한 프랜차이즈 권리를 따내고 맥도날드를 전국적인 규모로 키워냈다고 한다.

물론 롤모델과 똑같은 커리어를 가져가야 한다는 말은 아니다. 어차피 다른 사람과 똑같은 커리어를 가져갈 수도 없다. 맥도날드 같은 커다란 프랜차이즈를 하기 위해 지금 믹서기를 팔아야 한다는 의미가 아니다. 그러나 어떻게 해서 맥도날드를 알아보는 안목이 생겼는지, 전국적인 체인에 대해 구상할 만큼의 영업 경험과 인맥, 잠재고객에 대한 이해, 적극성 등 10년 후 원하는 내가 되기 위해 필요한 '역량'을 갖추어 나가야 한다는 의미이다. 또한 50대의 나이에도 새로운 시도를 할 수 있는 용기가 있어야 한다.

나의 경우에는 다국적 기업에 취업해서 경력을 쌓겠다고 가정하고, 내가 필요로 하는 역량을 생각해 보기로 했다. 내가 원하는 미래에 필요한 역량은 무엇인가?

1. 10년 후 원하는 내 모습이 되기 위해 10년 동안 갖춰야 할 것으로 예상되는 역량을 리스트로 만든다. 영어, 취업 준비, 독서 등.

2. 그 중에서 1년 내에 성취해야 할 첫 번째 목표를 정한다.

3. 다시 1개월 단위로 쪼개서 이번 달에 이루고 싶은 목표를 정한다.

일단 영어를 잘 해야겠다고 생각했다. 무언가 전문직이 되었을 때 영어를 잘하면 다른 나라 사람들과 국제회의도 하고 해외에 있는 사람들과 협상도 하고 한국을 소개하기도 하면서 멋지게 살 수 있을 것 같았다. '국제무대에서 일하는 전문직을 갖으려면 다른 건 몰라도 영어는 잘해야 하지 않을까?'

그때가 시작이었다. 나는 대학생 시절에 보낼 수 있는 모든 시간을 영어에 올인하기로 했다. 구체적으로 어떤 국제적인 전문직을 갖게 될지는 몰랐지만, 영어를 못해서는 안 될 것 같았다. 어차피 영어교육학과를 전공하고 있는데 영어를 잘 해 놓으면 학점도 올라갈 테고. 내가 영어를 잘해 놓으면 대학생 시절을 후회 없이 보냈다고 말할 수 있을 거라 생각했다.

물론 10년 후를 정확하게 예측하기는 어렵기 때문에 중간에 경로가 수정되는 일이 발생될 수 있다. 내 맘대로 되지 않는 경우도 많다. 대학 졸업 후 다국적 기업에 들어갔지만, 내가 상상했던 국제적인 커리어를 만들어가지는 못했다. 대기업 계열사의 자회사였지만 아주 규모가 작은 신생 회사에 '기획' 팀으로 입사를 했는데, 당시 나의 보스였던 이사님은 (나는 이사님에게 직접 보고할 팔자였던 모양이다) 내가 비서 역할을 해주기를 바랐고 아침마다 (그분은 오후에 출근하는 분이어서, 사실은 오후마다) 커피를 타 오라고 시켰다. 돌이켜보면 '전문 비서' 역할을 하다가 전문가가 된 분들도 많이 있지만, 나는 그런 가능성에 대해서는 몰랐기 때문에 내가 회사에 들어올 때 '기획'이라고 들어왔으니 기획 업무를 해야 한다고 생각했다. 더구나 나는 신입사원으로 9시까지 출근해야 했는데, 이사님은 늘 2시쯤 출근해서 새벽 2시쯤 퇴근하는 업무 패턴이라서, 나까지 덩달아 새벽 2시에나 퇴근해야 했다. 매일 9시 출근해서 새벽 2시에 퇴근하는데, 업무의 방향이 내가 원하는 '국제적인 전문직'도 아니라고 생각하니 버티기 어려웠다.

나는 전문직을 갖고 싶어서, 국제회의 통역사로 눈을 돌리게 되었다. 통역사가 되면 전문적인 일만 할 수 있을 것 같았다. 결국 나는 회사를 그만두고 통역사가 되기 위해 동시통역대학원 입시 학원을 다니게 되었다. 회사를 그만두고 다시 시험을 준비하는 입시생이 되니, 내가 원하는 미래에서 한없이 멀어질까 불안했다. 더구나 1년 넘게 준비했는데도 시험에 떨어지자, 평범한 내가, 딱히 내세울 것이 없는 내가, 원하는 미래를 만들어갈 수 있을지 불안했다. 미래가 불확실할 때, 특히 현재의 내가 아무리 노력해도 미래의 내가 될 것 같지 않을 때가 가장 절망스러웠다. 또다시 시험에 떨어지면 도대체 뭘 해야 할지 막막했고 절실했다. 다행히 통역사가 되어 '국제적인 전문가'의 길에 한 발자국 더 가까이 갈 수 있게 되었지만, 목표 지점을 바꿔야 할수도 있고 경로를 수정해야 할 수도 있다는 것을 알게 되었다.

내가 원하는 미래를 상상했다면, 내가 원하는 미래에 나의 시점을 고정시키고 '오늘' 미래를 위한 준비를 해야 한다. 필요한 역량을 지금 채워가지 않으면 나중에 기회가 왔을 때 잡을 수 없게 된다. 계획이 틀어졌을 때 다른 기회를 모색할 수도 없게 된다. 준비하는 '오늘'을 차곡차곡 쌓아 가면 내가 상상했던 미래가 어느 날 성큼 내게 다가올 것이다.

: 4 :

내 모습을 녹화하고 알게 된 사실들

아침마다 거울을 보는 사람은 많지만, 회사나 학교 등 프로페셔널한 세팅에서 내가 어떤 모습으로 비춰지는지 확인해보는 사람은 많지 않다.

"이게 내 목소리라고?" 자신의 목소리를 녹음해서 들어본 사람은 누구나 깜짝 놀라게 된다. 내 귀로 듣던 목소리가 아니기 때문이다. 자신의 목소리를 녹음해서 듣고 기뻐하는 사람은 생각보다 별로 없다. 대부분 자기 목소리에 실망하기 마련이다. 은쟁반에 옥구슬 굴러가는 소리나 꾀꼬리까지는 아니더라도 괜찮은 목소리인 줄 알았는데, 나도 나의 목소리가 생각보다 높고 가늘어서 깜짝 놀란 적이 있다. 통역대학원에 다니던 때라, 지나친 고음은 듣는 사람을 피곤하게 한다고 교육 받고 있던 터였다.

언어 습관이 중요한 이유는 비즈니스 파트너에게 신뢰를 주는데 방해가 되지 않기 위함이다. 회사의 대표가 나와서 발표를 하는데 귀

엽거나 앙증맞은 목소리라면 어울릴까? 모두 당황해서 어찌할 바를 모를 것이다. 사실 십대까지는 모르겠지만 이십대 삼십대가 되면 어리거나 애교 넘치는 목소리는 비즈니스 상으로는 어울리지 않는다. 기억에 오래 남을 수는 있겠지만…

특히 업무상 말을 많이 하거나 발표를 많이 하는 사람은 본인의 목소리나 자세, 몸짓, 습관 등을 파악하고 개선해 나가는 것이 꼭 필요하다. 목소리의 음색을 바꾸는 것은 어렵지만 어느 정도 고음을 낮추는 것은 충분히 가능하다. 약간 고음이었던 나도 저음을 노래하듯 연습해서 이제는 중저음 목소리라는 소리를 듣게 되었다 (덕분에 고음 불가가 되기는 했지만…). 특히 여성이 목소리를 살짝 낮추게 되면 비즈니스 세팅에서 매우 신뢰 가는 목소리라는 소리를 많이 듣게 된다.

고음만 문제가 되는 것이 아니다. 사람마다 정말 다양한 언어 습관을 갖고 있다. "어" "아" "음…" 등의 불필요한 필러를 매 문장마다 넣는 사람이 생각보다 많다. 대화 중에 침묵을 참기 어려워하는 사람일수록 필러가 더 많아진다. "~있다는 거죠" 대신에 "~있다라는 거죠"와 같이 지속적으로 '라'를 불필요하게 넣는 사람도 있고, "그러니까"와 같은 말을 매 문장마다 넣는 사람도 있고, "그래서" "이제" "어쩌면" "진짜" "정말" 등 추임새를 과도하게 넣어주는 사람들도 있다. 미국 영화를 보면 영어에서도 불필요하게 매 문장마다 "you know"를 넣는 사람이 많은 것을 알 수 있다. 의식하지 않은 채, 주어 없이 서술어만 말하거나 문장을 안 끝내고 계속 이어가는 사람도 많다. 듣고 있는 상대방은 '누가' 그랬다는 건지, 요점이 뭔지 도대체 파악하기 어려워진다.

말하는 속도도 매우 중요하다. 말이 느린 사람이 있고, 말이 빠른 사람이 있는데, 말이 빠르면서 길게 얘기하는 습관을 갖은 사람은 '다른 사람이 내 말을 전혀 듣지 않는다'라고 생각하면 맞다. 일단 말이 빠르면 사람들은 못 알아듣는다. 처음에 몇 문장 이후로는 거의 듣지 않는다고 생각하면 된다. 말이 빠른 사람들은 말을 조금 천천히, 다른 사람들이 알아듣게 말하려고 노력할 필요가 있다. 그래야 다른 사람들이 내 말을 좀 더 알아먹는다. 내가 말하는 속도가 적절한지 알아볼 수 있는 가장 확실한 방법은, 내가 말한 내용을 다른 사람에게 요약해 보라고 미리 부탁하고 말을 시작해 보는 것이다. 내 말이 끝났을 때 다른 사람이 '나한테 왜 이래' 하는 표정이면, 내 말이 너무 빨랐다고 생각하면 된다.

한편 똑같은 얘기를 길게 말하는 습관이 있는 사람들은 '요점만 간단히'를 연습해야 한다. 아주 길게 말하는 사람한테는 "그래서…Yes라는 건가요 No라는 건가요?"라고 묻고 싶을 때가 있다. 도대체 집중이 안 되기 때문이다. 혹시라도 이런 질문을 자주 받는 사람은 '내가 길게 말해서 안 듣고 있구나'라고 생각하면 된다. "말이 많다" 또는 "말이 길다"라는 피드백을 듣는 사람들은 '내가 하고자 하는 말을 한 문장으로 요약'하는 습관을 들이면 좋다. '하나의 문장'으로 요약한 후 '가장 중요한 핵심 단어'가 무엇인지 생각해보는 것도 매우 좋은 습관이다.

특히 비즈니스 상황에서는 미괄식(핵심 내용을 맨 마지막 문장에 넣는 방식)보다는 두괄식(핵심 내용을 맨 첫 문장으로 표현한 뒤 설명하는 방식)이 나은 경우가 대부분이다. 내 경험상 외국의 높은 사람일수록 길고 장황한 설명을 참지 못한다. 시간이 없고 바쁜데, 한국에 와서 하루나 이틀 머물면서 가급적 많은 사람을 만나야 하는데, 한 사람에게 지나치게 긴 시간을 할애할 수가 없기 때문이다. 바쁜 사람들에게 뭔가 중요한 얘기를 하려면, 엘리베이터 피치Elevator Pitch — 엘리베이터를 타고 가는 짧은 시간 동안 요점만 간단히 자신의 주장을 하는 것를 연습할 필요가 있다. 엘리베이터를 타고 몇 층 가는 동안 상대방을 설득하려면 얼마나 요점만 간단히 명료하게 설명을 해야 할지 생각해보자. 미국의 경영대학원 수업에서도 엘리베이터 피치를 연습한다.

사람들 앞에서 발표하는 모습을 녹화해 보면 제일 먼저 눈에 띄는 것이 시선 처리이다. 특히 외국 사람들 앞에서 발표를 할 때에는 상대방의 눈을 적절히 골고루 맞추는 것이 매우 중요하다. 발표하는 사람이 눈을 내리깔고 하거나 청중이 아닌 저 멀리 어딘가 모서리를 보고 있을 경우에는 100% 자신 없어 보인다. 발표자 입장에서 청중들의 좌우 앞뒤로 골고루 쳐다봐 줘야 하고, 적절한 위치에 앉아 있는 몇몇 사람들과 적극적으로 눈을 맞춰야, 청중은 더 집중하게 된다.

내가 만난 어떤 분은 정말 부끄럼이 많은 분이었는데, 1:1로 만나서 얘기를 할 때도 내 눈이 아니라 내 뒤에 있는 천장 모서리를 보면서 말씀하시곤 했다. 당시에 나보다 윗분이었는데도 내 눈을 똑바로 쳐다보는데 1년이 넘게 걸렸다.

시선 처리를 말하는 김에 한 가지만 더 얘기하고 싶다. 시선 처리는 상대방이 한 명이면 한 명에게, 두 명이면 두 명에게, 열 명이면 열 명에게 골고루 하는 것이 좋다. 가끔 어떤 사람을 만나보면 윗사람이나 중요한 사람 하나를 콕 찍어서 계속 그 사람만 보고 말하는 사람이 있다. 어떤 과장이 질문했는데, 여전히 부장을 보면서 대답을 하는 사람도 있다. 이렇게 시선 처리를 하는 사람은 일단 상대방에게 '높은 사람만 중요하게 생각하는 사람이구나'라는 인식을 주고, 지속적인 시선을 받는 상대방도 불편하게 만드는 사람이 된다. 한 가지 놓치지 말아야 할 것은 부장님이 항상 모든 의사 결정을 하는 것이 아니라는 것이다. 옆에 있는 과장이 정리한 의견을 부장이 선택하거나 무조건 승인하는 경우도 많다. 결국 그 과장이 중요한 사람이었을 수 있다.

남들 앞에서 발표를 할 때 팔다리를 어찌할 바 모르는 사람들도 많다. 스스로 영상 녹화를 해보면 알 수 있다. 내가 내 팔다리로 무슨 짓을 하는지… 주머니에 손을 찔러 넣고 발표하는 사람. 기회만 되면 다리를 떠는 사람. (보는 사람도 난감하지만) 똥파리처럼 손을 계속 비비는 사람. 팔짱을 끼고 발표하는 사람. (특히 외국 사람들 중에는) 손을 과도하게 움직여서 정신 사납게 하는 사람. 군인들의 '열중 쉬어' 자세를 하면서 좌우로 흔들면서 서있는 사람 (군대 다녀온 지 꽤 되었을 것 같은데도 이런 사람 진짜 있다). 눈을 (병적인 이유가 아닌데도) 많이 깜박거리는 사람, 코를 습관적으로 훌쩍거리는 사람… 등 정말 다양하다.

이런 얘기를 장황하게 하는 이유는 '본인을 녹화해 보기 전에는 본인의 습관을 알 수가 없기' 때문이다. 너무나 고생해서 준비한 프레젠테이션을 하는데, 나의 말투나 시선, 자세 때문에 자신감 결여로 보이거나 자만해 보인다면 너무 억울하지 않을까?

나의 경우에도 고치기 힘든 습관이 있다. 다른 사람들이 질문을 했을 때 답을 하기 전에 "아 정말?"이라는 추임새부터 넣는다는 사실을 알게 되었다. 답변을 하기 전에 시선을 위쪽으로 해서 '생각 중'이라는 표시를 해준다는 것도 알았다. 그렇지만 '진지하게 듣고 있다'는 표정으로 상대방의 눈을 잘 맞추고는 있다는 것을 알게 되었다.

표정도 정말 중요하다. 누가 질문했을 때 '뭐 그런 바보 같은 질문을 하나' 하는 표정을 짓는다면 어떨까? 그런데 본인만 모르는 경우가 많다.

회사나 학교에서 나의 모습을 핸드폰으로 녹화해달라고 부탁해 보면, 나에 대해 나만 모르던 모습을 알 수 있게 된다. 한 번은 "제가 '아 정말?'이란 말을 정말 많이 하는군요?"라고 어떤 분한테 얘기했더니 그분의 반응은 "아니, 그걸 이제까지 모르셨어요?"였다.

다른 사람에게 비춰지는 내 모습을 파악하는 것은 나를 파악하는 첫 걸음이다. 내 모습을 녹화해서 보는 것이 아나운서쯤 되어야 할 짓이 아니다. 귀찮아하기에는 너무 중요한 일이다. 내가 면접을 보거나, 중요한 발표를 하거나, 영업을 위한 미팅을 할 때, 다른 사람이 보고 듣는 내 목소리, 표정, 자세, 시선 등을 이해하면 내가 원하는 방향으로 나의 이미지를 만들어 가는데 큰 도움을 받을 수 있게 된다. 다른 사람의 시점을 알면서 내가 원하는 이미지를 만들어갈 때, 똑같은 발표를 해도 더 효과적으로 상대방의 신뢰를 얻어낼 수 있게 된다.

5

남보다 잘하는 한 가지가 있는가?

타인에게 비춰지는 내 모습도 알게 되었으니, 이제 본격적으로 나를 파악해보자. 나의 장점은 무엇인가? 내가 잘 하는 것이 무엇이 있나? 혹시 내가 남보다 잘하는 한 가지가 있는가?

장점만 있는 사람은 없다. 그러나 장점이 없는 사람도 없다. 입사 면접의 단골 메뉴이기도 한 '나의 장점'을 우리는 쉽게 말하지 못한다. 때로는 면접 상황에서도 "장점이 없는데요…"라고 말하는 사람도 있다. 그러나 잘 생각해보면 장점이 없는 사람은 없다. 나의 장점을 생각나는 대로 적어보자.

긍정적인 편이다

한 가지를 오래 파는 성격이다

영어를 잘 한다

성격이 좋다

책을 많이 읽는다

미식가이다

노력파다

다른 사람의 말을 경청해준다

목소리가 좋다

친절한 편이다

센스 있다 (어떤 부분이건)

성실하다

기타를 잘 친다

머리가 좋다

잘 웃는다

무슨 일이건 한두 번 하면 개선할 점을 찾아낸다

상대방을 존중한다

끈기가 있다

최대한 많이 적어보자. 사소한 것이라도 다 적어보자. 어차피 나
혼자 적어보는 것인데 다른 사람 눈치볼 것도 없다. 장점을 적다 보
면 은근히 기분이 좋아지기도 한다. "나 이렇게 장점이 많은 사람이
야!"라고 큰 소리로 말해보자.

스스럼없이 가까운 친구가 있다면 나의 장점이 무엇인지 물어
보자. 가끔은 친구가 내가 생각하지 못한 의외의 장점을 말할 때도

있다.

이제 모아진 나의 장점 리스트를 보자. 이 중에서 두 가지의 장점을 뽑아보자.

1. 나를 대표하는 장점
2. 내가 노력해서 잘하게 된 장점

첫째, '나를 대표하는 장점'은 나를 가장 잘 표현해주는 장점이다. 만약 면접을 본다면, "저의 장점은 XXX입니다"라고 말할 수 있는 그런 장점을 의미한다. 특히 내가 좋아하고 내가 계속 키워가고 싶은 장점을 하나 선택해보자. 예를 들어 '끈기'가 나의 장점이라면 무엇을 할 때나 '끈기 있게' 해보자. '나는 끈기가 있으니까'라고 생각하자. 지속적으로 끈기 있는 모습을 보이면, 다른 사람들 입에서 '쟤는 끈기가 있어'라는 말이 자연스럽게 나오게 된다.

내가 아는 어떤 친구는 사람을 참 좋아하고 모임을 좋아한다. 여러 친구들이 모여서 음식을 주문할 때에도 잘 정리해서 주문하고 계산할 뿐 아니라, 모임 이후에 '오늘 누가 어디서 모여 어떤 시간을 보냈는지' 모두에게 알려주는 역할까지 한다. 우리가 흔히 총무라고 부를 그 귀찮은 일을 오히려 즐겁게 한다. 그러다 보니 이 친구는 모임에서 빠져서는 절대 안 될 친구가 되었고, 모임이 생기면 제일 먼저 이 친구에게 연락을 하게 되었다.

하루는 그 친구가 회사에서 인정받지 못하는 것 같다고 답답함을 호소했다. 그 친구에게 "너는 내용 요약을 참 잘하는 것 같은데, 회사에서도 그렇게 해보면 어때?" 했더니, 음식 주문을 잘 취합하는 것이 '내용 요약'이라고 할 수 있겠냐고 논리의 비약이 과하다며 코웃음을 쳤다. "회사에서 회의하는 일이 많지? 회의록을 작성하겠다고 제안해 보면 어때?" 했더니 "무슨 말도 안 되는 소리를 하냐"며 웃는다. 그러나 이 친구가 미친 척하고 팀 회의록을 작성해 보겠다고 했다. 회사에서 자발적으로 회의록을 작성해서 보스에게 제공했더니 (보스는 아마도 '노는 것만 좋아하는 친구인 줄 알았는데… 의외네?' 했을 것이다), 보스는 중요한 부분을 팀원들에게 공유하도록 했고, 더 많은 중요한 회의에 참석할 수 있게 되었다고 한다. 점차 '내용 요약을 잘하는 사람'으로 알려지게 되어서 중요한 기획이나 보고에도 참여하는 사람이 되었다고 한다.

나의 장점을 다른 시점으로 바라보자. 나의 장점을 보다 적극적으로 활용할 방법이 없을까? 나의 장점은 내가 좋아하거나 쉽게 잘 하는 특성이기 때문에, 장점을 여러 분야에서 적극적으로 활용하는 것은 그리 어렵지 않다. 내 장점을 다른 사람에게 드러내고 자주 활용하면 나의 브랜드 마케팅에도 도움이 된다.

둘째, '내가 노력해서 잘 하게 된 장점'은 기타를 잘 치게 되었다거나 영어를 잘 하게 되었다거나 하는 것이다. 혹시 내가 뭔가 잘하고 싶은 것이 있다면, 현재 내가 잘하고 있는 것을 어떻게 잘하게 되었는지 그 과정을 생각해보고, 잘하고 싶은 다른 영역에 같은 방법을 활용하는 것이 매우 효과적일 수 있다.

예를 들어, 난 영어를 잘하고 싶었다. 그런데 어디서부터 시작해야 하는지 도대체 알 수가 없었다. 선배들에게 물어보니 "그냥 열심히, 잘하면 돼"라고 성의 없이 말해주는 사람도 있었고, "외국어는 어릴 때 했어야 해. 넌 이미 늦었어"라고 말하는 때려주고 싶은 사람도 있었고, 토플 책이나 문법책을 공부하라는 사람도 있었다. 결국 학원도 다니고 책 몇 권을 사서 공부를 시작했는데, 몇 달 동안 열심히 해도 도대체 실력이 느는 것 같지가 않았다.

그때 곰곰이 생각했다. '내가 노력해서 잘하게 된 게 뭐가 있지?' 생각해보니 기타를 꽤 잘 친다는 생각이 들었다. '어떻게 기타를 잘 치게 되었더라?' 사실 기타를 치기 시작한 이유는 노래를 연습하기 위한 것이었다. 요즘도 그런지 모르겠지만 내가 중고등학교를 다닐 때에는 아이들이 수업 시간마다 누군가 노래를 시키는 못된 버릇이 있었다. 공부하기 싫고 수업 진도 나가기 싫으니까 누군가 노래 시키고 장기 자랑 시켜서 시간을 끄는 방법이었던 것 같다. 아쉽게도 난 노래를 잘 못했다. 기어들어가는 모기 창법으로 노래를 하니 아이들이 키득키득 웃었다.

혹시라도 기타를 배워서 기타 치며 노래하면 노래를 잘하게 될까? 중학교 1학년 때 가수 지망생이던 사촌이 와서 30분 정도 기타를 가르쳐 준 게 다였지만 그게 시작이었다. 학원을 다닌 적도 없고, 그 이후로 누구에게 배운 적도 없지만, 난 매일 하루도 빠짐없이 기타를 쳤다. 처음에는 기타가 느는 것 같지도 않았다. 그렇지만 책 한 권 사놓고 매일 연습했더니 6개월이 지나고 1년이 지나서는 나 혼자 즐거울 정도가 되었다. 중학교 1학년 때부터 대학교 1학년이 될 때까지 6년을 매일 1시간 이상 기타를 쳤더니, 어느새 나는 '기타를 잘 치는 아이'가 되어 있었다.

엄마가 "네가 기타 치듯 공부를 했으면 서울대도 거뜬히 갔을 거다"라고 말씀하신 게 생각났다. 기타 치듯 영어를 해도 잘하게 될까?

기타를 잘 치기 위해 난 1. 매일 연습했고, 2. 6개월이나 1년 이상 꾸준히 하니까 느는 게 느껴졌고, 3. 그렇게 6년을 보내니 꽤 잘한다는 소리를 듣게 되었다….

영어에도 적용하면 어떻게 될까? 어차피 전공하는 건데.

1. 매일
2. 1시간 대신 3~4시간을 꾸준히 하면,
3. 6년보다 빨리 3~4년 만에 잘 하게 되지 않을까?

난 기타 치듯 영어를 공부하기 시작했다. 영어는 계단식으로 는다더니, 실력이 늘지 않는다고 느낄 때 어느 순간 실력이 확 늘어 있는 나를 발견하기 시작했다. 약 6개월 정도는 제자리걸음 하는 듯하다가, 갑자기 실력이 한 단계 업그레이드되었다고 느끼게 되는 순간이 왔다. 일단 실력이 향상되고 있다고 생각하니, 재미가 붙고, 계속 공부할 수 있는 자극이 되어 주었다. 그 후 나는 영어로 나의 커리어를 여러 번 업그레이드 할 수 있었다.

나의 장점을 다른 시점으로 바라보자. '나를 대표하는 장점'은 가장 자연스럽게 내 것인 장점이므로, 매일 실천하고 (실천 사례를 적어 놓으면 더 좋다) 나를 드러내고 나를 마케팅하는 데 활용해보자. '내가 노력해서 잘하게 된 장점'은 다른 무언가를 잘 하고 싶을 때, 유사한 방법을 활용하면 된다. 내가 '기타 치듯 영어를 공부한다'고 했을 때, 아무도 납득하지 못했지만, 그 방법으로 난 영어를 한 단계 두 단계 세 단계 계속 업그레이드 시킬 수 있었다.

6

바꿀 수 있는 건 바꾸자
단점은 천덕꾸러기 동생 대하듯

내가 갖고 있는 단점은 천덕꾸러기 동생처럼 생각해보자.

"난 단점이 없는 사람이야"라고 말하고 싶겠지만, 그런 사람은 거의 없다. 이상하게 단점이나 콤플렉스, 상대적인 약점은 크게 보인다. 장점이 백 가지가 있고, 단점이 한 가지만 있어도, 무슨 일이 생기면 단점이 먼저 떠오르는 것이 보통 사람인 모양이다. 신이 아닌 이상 완벽한 인간은 없을 테니 누구나 단점은 있게 마련이다. 어차피 단점 없는 사람은 없으니, 대부분 단점 자체가 문제가 되지는 않는다. 애초에 단점이 아닌데 단점으로 생각하는 것일 수도 있다. 단점이 문제가 되는 경우는 내가 어떤 특징을 단점으로 인식할 때, 나의 콤플렉스로 자리 잡을 때이다.

무슨 안 좋은 일이 생겼을 때 (예를 들어 구직 면접에서 떨어졌을 때), 흑인은 흑인이라서, 여성은 여성이라서, 대학을 안 나온 사람은 고졸이라서, 키 작은 사람은 키가 작아서 성공하지 못했다고 생각한다고 한다. 다른 사람은 전혀 의식하지 못할 수도 있는 특성을 나만 혼자 단점으로, 콤플렉스로 부여잡고 사는 것일 수도 있다. 마릴린 먼로 같은 미국의 유명한 여배우도 피부색에 대한 콤플렉스가 있었다 하니 어쩌면 세상이 참 공평하려고 콤플렉스를 만들어 놓은 것인지도 모르겠다.

콤플렉스가 고통스러운 이유는 무엇일까? 단점으로 간주될 수 있는 똑같은 특징이 있어도 어떤 사람은 콤플렉스로 고통 받고 어떤 사람은 그까짓 단점으로 고통 받지 않는다. 왜 그럴까? 단점은 절대평가이고 콤플렉스는 상대평가이기 때문에, 단점이 콤플렉스로 전환될 때 고통이 시작되는 것이 아닐까. 예를 들어, 60점만 넘으면 통과하는 절대평가 시험에서는 61점만 받아도 정말 행복할 것이다. 61점은 좋은 점수가 아니라고 할 사람도 있겠지만, 무슨 상관인가? 절대적인 기준으로 합격을 했는데… 그러나 상위 1%만 뽑는 상대평가에서는 99점을 받아도 합격하지 못할 수 있고, 아마도 61점은 남이 알게 될까 두려워 무덤까지 나 혼자 가져갈 점수가 될 것이다. 상대평가는 많은 고통의 원인이 된다.

단점이 콤플렉스가 되기 전에, 단점에 대한 시점을 바꿔보자. 다독거리면서 평생 자주 봐야 하는 천덕꾸러기 막내 동생처럼 단점을 생각해보자. 이쁘게 보면 이쁘고, 밉게 보면 미운 게 동생이다. 나이가 들고 철이 들면서 동생이 덜 싫어지기도 하고, 나라님도 못 고칠 성격이라 어느 순간부터 포기하게 되기도 한다. 어떤 동생은 이제 좀 잘 지낼 수 있을 것 같다가, 다시 원수가 따로 없다. 그래도 내 동생인데 어쩌겠나? 안 보고 살 수는 없고. 잘 지내려고 노력할 수밖에.

우선 나의 단점이 무엇인가? 장점보다 훨씬 많은 단점이 생각날 수도 있다. 단점을 생각나는 대로 써보자.

부정적이다

산만하다

영어를 못한다

쉽게 화를 낸다

요리를 못한다

먹는 것만 좋아한다

다른 사람의 말을 잘 듣지 않는다

목소리가 안 좋은 편이다

무뚝뚝하다

센스라고는 없다

디테일에 약하다

특별히 잘하는 게 없다

잘 웃지 않는다

끈기가 없다

잠이 많다

미루기를 잘 한다

가방 끈이 짧다

몸이 약하다

내가 단점이라고 열거한 단점 중에서, 나에게 콤플렉스로 자리 잡은 단점 하나만 생각해보자. 내가 단점이라고 인식해야 단점이 되고 콤플렉스가 되는 것이다. 고칠 수 있는 단점인가, 고칠 수 없는 단점인가? 고칠 수 있는 단점이라면 극복해보고, 고칠 수 없는 단점이라면 받아들이고 함께 살아갈 방법을 찾아보자.

나도 단점이라고 생각한 특성이 많았다. 어릴 땐 밤송이처럼 숱 많은 굵은 머리카락이 싫었고, 가늘어서 가볍게 바람에 날리는 찰랑찰랑한 머리카락이 부러웠다. 키가 작다고 생각해서 기럭지 비율 좋은 애들이 멋져 보였다. 유난히 많은 잠 때문에 4당5락 (4시간 자면 붙고 5시간 자면 떨어진다는 아직도 믿어지지 않는 소리) 말을 듣고 나는 인생을 포기해야 하나 싶었다. 미루는 성격이 있다 보니, 남보다 빨리 뭘 이루기보다는 늘 (좋게 말해서) 대기만성 형이었다. 대학원도 남보다 2~3년 늦었고, MBA는 남보다 10년은 늦었고… 일찍 철이 들지는 못했나 보다.

나의 단점도 말썽꾸러기 막내 동생처럼 다독거리며 살게 되었다. 밤송이 같던 내 머리카락도 좋게 생각하니 좋은 점이 있었다. 나이 들어 모두가 숱이 적어지고 가늘어질 때, 난 아직도 잃어버릴 숱이 남아 있고, 굵어서 손질 잘되는 머리카락이 감사하게 느껴지기 시작했다. 이제는 헤어스타일리스트도 내 머리 손질에는 (양이 많아서) 돈을 두 배 받아야 한다고 협박하지도 않는다.

나를 절망하게 했던 잠도 이제는 어느 정도 적응하고 살아가는 방법을 찾은 듯하다. 잠 없는 사람이 세상에서 제일 부러웠지만, 난 평생 잠 많은 것을 고치지는 못했다. 지금도 잠이 많다. 누군가는 정신력으로 버티라는데, 난 도대체 정신력이란 것은 없는 건지, 잠을 줄이면 깨어 있는 것이 깨어 있는 것이 아니었고 도저히 집중을 할 수가 없었다. 깨어 있는 동안 집중을 못하니, 잠을 자는 것과 큰 차이가 없었다. 그럴 바에는 그냥 잠이나 많이 자고, 깨어 있을 때 최대한 짧은 시간 동안 맑은 정신으로 집중해서 최대의 효과를 내는 데에 집중했어야 했다. 나는 지금도 잠을 많이 자는 대신, 짧은 시간 동안 최대한 집중해서 일을 하거나 공부한다.

어디 가서 말하기 부끄럽지만, 나는 미루는 성격이다. 오늘 할 일을 내일로, 내일 할 일을 모레로, 모레 할 일은 다음 주로… 이것이야말로 직장 생활의 묘미 아닌가. '무조건 오늘 끝낸다' 생각하면 잘 마무리 짓는 일도 많지만, 여전히 미룰 수 있는 것은 미루는 습관이 있다. 이 단점 때문에 커다란 과제를 잘게 나누는 습관이 생겼다. 큰 프로젝트도 잘게 나눠서, 1달 내에 끝내야 하는 일, 1주일 내에 끝내야 하는 일, 오늘 중으로 끝내야 하는 일 등으로 나눠서, 오늘 끝내야 하는 일만 끝내면 훨씬 덜 어렵게 느껴진다. 지금도 가끔 미루는 병이 도지곤 하지만, 워낙 업무를 잘게 나눠서 진행하는 것이 습관 되다 보니, 중요한 일에 있어서는 사람들이 눈치를 덜 채게 할 정도는 된 것 같다.

한편, 도저히 고칠 수 없는 단점은 어떻게 해야 할까?

본인의 콤플렉스가 인종, 성별, 외모, 과거 등에 기인한 것이라면 그 특성을 바꾸는 것은 거의 불가능하다. 물론 성형 등 과학의 힘을 빌릴 수 있는 경우가 있을 수는 있겠지만, 도저히 바꿀 수 없는 일이라면 쿨하게 인정하는 것도 방법이다.

여성으로 태어난 것을 바꾸기는 쉽지 않은데, 여성들이 유리한 직장은 아직 많지 않다. 나도 학업과 직장 생활 등으로 미국에서 10년 가까이 살다가 한국에 돌아오니 취업이 쉽지 않았다. 나의 외국 경험과 스펙이 딱 맞는 역할이 있었는데, 회사의 사장님은 나를 세 번이나 다시 인터뷰를 했고, 6개월 이상을 고민한 후 나를 부장으로 고용했다. 나중에 알고 보니, '고객사에서 여성 리더를 긍정적으로 받아줄지 확신이 안 섰다'고 했다. 한마디로, 외국인 여성으로 미국에서 취업하는 것보다, 나이 많은 여성으로 한국에서 취업하는 것이 훨씬 더 어려웠다.

여성이라는 특징이 단점인 경우도 있지만 장점이 될 수도 있을 텐데… 여성 리더의 장점을 십분 활용하면 어떨까? 많은 여성 리더의 경우 회사 비용을 덜 쓰는 경향이 있다. 나의 경우에도 골프를 거의 안 쳐서 그런지 골프 접대를 해 본 적이 없다. 고객들도 여성 리더에게는 접대에 대한 기대치를 낮추는 경우가 많다. 모두 남성으로만 구성된 팀에 여성이 포함되면 전반적으로 분위기가 부드러워진다고 생각하는 사람도 많다. (물론 가까이하기 어려운, 보기만 해도 무서운 센 언니들도 있기는 하지만…) 나는 개인적으로 팀의 남녀 성비가 50:50인 경우가 가장 이상적이라고 생각한다. 남녀 성비가 50:50인 상황에서 성희롱과 같은 사회 문제가 발생하는 일은 거의 없다. 성희롱을 할 수 있는 환경이 조성되지 않기 때문이다.

"No one can make you feel inferior without your consent."
어느 누구도 당신의 동의 없이 당신을 열등하다고 느끼게 할 수는 없다.

크리스틴 벨Kristen Bell이라는 미국의 영화배우는 엘리너 루스벨트Eleanor Roosevelt라는 미국의 영부인이자 정치가였던 여성의 말을 지속적으로 되뇌이며 열등감을 극복했다고 한다.

내가 단점이 있고 콤플렉스가 있다고 해서 나에게 너무 가혹할 필요는 없다. 단점과 열등감이 없는 사람은 없다. 단점이건 콤플렉스이건 천덕꾸러기 동생을 다루듯 이쁘게 보고, 함께 잘 살아가는 방법을 터득하면 그뿐이다. 크리스틴 네프Kristin Neff는 자기 관용이라는 개념을 강조한다.

"자기 관용을 통해 친구에게 하듯 자신에게 관대할 필요가 있다.
With self-compassion, we give ourselves the same kindness and care we'd give to a good friend."
단점 많은 친구를 토닥거리듯, 나도 토닥토닥 해주자.

7

자리가 사람을 만드는 것이 아니다

"자리가 사람을 만든다"는 말을 하는 사람이 많다. 이건 무슨 의미일까? 사람이 아니넌 사람이 그 자리에 가면 사람이 된다는 의미인가? 사람이 되기는 하는데, 사람 때문이 아니고 자리 때문에 사람이 된다니⋯ 이게 좋은 말인가? 사람들은 이 말을 좋은 의도로 많이 사용하는 듯하지만, 사실 이 말을 듣는 사람에게는 굴욕이 될 수도 있다.

나는 "자리가 사람을 만든다"는 말을 좋아하지 않는다. 흔하게 사용되는 이 말이 회사에도 직원에게도 핑곗거리만 주기 때문이다.

회사에서 "자리가 사람을 만든다는데⋯"라는 말을 할 때는, 준비가 덜 된 A라는 사람을 중요한 역할로 승진시킬 때 이런 말을 한다. 이는 1. A는 아직 본인을 증명하지 못했다. 2. 더 적절한 사람을 찾을 수가 없다. 3. 공석으로 오래 둘 수는 없으니, A에게 기회를 주자⋯ 를 의미한다. 결과적으로 A가 잘하면 회사에서 A의 성장성을 잘 판단한 셈이 되고, A가 잘 못하면 A가 기회가 주어져도 능력을 발휘하지 못하는 사람이어서 그런 결과가 나왔다고 믿게 된다. 회사에서는 잘못된 승진을 시킨 것일 수도 있는 상황에 대한 핑곗거리로 이 말을 하는 셈이다.

한편 직원 입장에서는 '자리가 사람을 만든다는데, 왜 나에게는 좋은 기회를 주지 않을까?' 생각한다. 나에게 맡겨 주면 잘할 수 있는데, 나에게 맡겨 주지 않으니, 내가 그 역할을 못하는 것은 나에게 기회를 주지 않은 회사의 책임이 된다. 직원 입장에서도 "자리가 사람을 만든다"는 말을 핑곗거리로 활용하고 있는 것이다.

나도 그랬다. 통역사로 몇 년을 활동한 후, 회계사로 커리어를 바꿔보려 한 적이 있다. 미국 공인 회계사 시험을 합격하자마자, 회계법인의 외국인 파트너를 만났다. 영어가 무기가 될 수 있을 것이라 자만했다. 파트너는 "신입사원의 대우밖에 해줄 수 없는데, 그래도 해보겠느냐?"라는 질문을 했다. 나는 "회계사 경험은 없지만, 영어를 잘 활용해서 다국적인 업무를 잘 수행해 보겠습니다. 그러니 통역사 경력을 어느 정도 감안해 주실 수 있을까요?" 했다. 아쉽게도 내가 받은 답은 No였다.

당시에 나는 '자리가 사람을 만든다는데 왜 나에게 기회를 주지 않는 거지?' 생각했다. 회계사 경력이 없었으면서도, 연봉을 반으로 깎이면서까지 새로운 커리어를 가져갈 열정은 없었다. 경력도 없으면서 경력 사원의 대우를 요구했다.

지금 생각해보면, 그 파트너의 입장에서는 내가 참 뻔뻔한 요구를 한다고 생각했을 수 있다. 회사에서는 기본적으로 경력직을 뽑고 싶어 한다. 아무것도 모르는 신입사원을 뽑게 되면, 새로 모든 것을 가르쳐야 하기 때문이다. 신입사원을 어느 정도 활용 가능하게 만드는 데 6~12개월 걸리는 경우가 대부분이다. 그동안 누군가가 '사수'가 되어서 열심히 가르치지 않으면 신입사원이 제대로 기능을 할 수가 없다. (물론 신입사원은 회사에서 가르치는 것 없이 본인 스스로 맨땅에 헤딩만 하고 있다고 생각한다. 여기에서도 양측의 괴리가 크다.)

회사에서는 (적당한 경력직을 찾을 수 없어서) 신입사원을 뽑게 될 때에는 하얀 도화지 같은 사람을 뽑고 싶어 한다. 기존의 선입견이 없이 하얀 도화지에 회사에서 원하는 대로 새로 그림을 그려 나갈 수 있는, 새로운 것을 잘 흡수해서 좋은 그림이 될 수 있는 사람을 뽑고 싶어 하는 것이다. 다시 말해서, 엉뚱한 경력이 있는 사람을 오히려 좋아하지 않는다.

난 일단 회계사 경력이 아니었기 때문에 경력직이 아니었다. 영어가 좀 된다고 해서, 겸손하게 모든 것을 새롭게 배우고 흡수시키려는 '하얀 도화지' 같은 사람도 아니었다. 그러면서도 보통 신입사원보다 두 배 되는 연봉을 기대했으니, 말도 안 된다고 생각했을 것이 뻔하다. 나는 나 자신을 객관적으로 판단할 수 있는 시점을 갖고 있지 않았다.

늘 듣는 말이지만, 직장을 구하는 사람에게는 적당한 회사가 없고, 사람을 구하는 회사 입장에서는 적당한 인재가 없다. 회사에서 새로운 직원을 뽑을 때뿐 아니라, 기존의 직원 중에서 승진을 시키거나 중요한 역할에 맞는 사람을 뽑을 때도 마찬가지이다. 중요한 역할에 딱 맞는 사람이 있는 경우가 많지 않다. 직원이 몇 백 명이 되어도 그건 마찬가지이다.

중요한 팀장 자리가 하나 났을 경우에 그 자리에 맞는 사람을 뽑기 위해 회사에서는 잘 판단을 해야 하는데, 업무 능력, 고객 관리 능력, 대인 관계 등 여러 부문에서 적합한 사람을 찾는 것이 쉽지만은 않다. 어떤 경우에는 내부 직원 중에서 적합한 사람을 도저히 뽑을 수가 없어서, 외부 채용을 진행할 수밖에 없을 때도 있다.

직원들은 '왜 나에게는 기회를 주지 않을까?' 생각하지만, 본인이 그 역할을 할 수 있는 준비가 되어 있어야 기회를 포착할 수 있게 된다. 기술력이 꼭 필요한 역할인데 기술력이 없는 사람을 그 자리에 놓을 수는 없다. 나의 경우에도 커리어를 바꾸려고만 했을 뿐, 경력직에 대한 준비는 안 된 채, 경력직에 대한 대우를 해 주기만 기대했던 것이다.

자리가 사람을 만드는 것이 아니라, 준비된 사람을 그 자리에 올리는 것이다. 내가 준비되어 있으면, 회사에서 애써 나를 발탁하지 않으려고 하기도 쉽지 않다. 커리어의 다음 단계를 위한 준비를 미리 해야 하는 것이다.

물론 내 커리어의 다음 단계에서 필요한 것이 무엇인지 잘 판단하는 것이 중요하다. 보스나 인사부 담당자들에게 커리어의 다음 단계로 가려면 무엇을 해야 하는지 묻는 것도 도움이 된다. (단, 보스와 인사부 담당자는 나에 대한 판단을 서로 공유할 수도 있다고 생각하고 말을 하는 것이 좋다. 보스와 나눈 얘기를 인사부가 아는 경우도 많고, 인사부와 한 대화가 보스에게 전달될 수도 있다.) 보스나 인사부 담당자와 커리어에 대한 얘기를 나눈 후에, 보스와 인사부에서 나에 대해 '이 사람은 커리어를 성장시키고자 하는구나'라는 판단을 하게 된다면 그건 좋은 징조이다. 때로 '이 사람에게 좋은 기회를 주지 않으면 다른 회사를 알아 보겠군'과 같이 판단하게 될 수도 있다. 그러나 '이 사람은 준비가 안 되어 있는데 왜 이렇게 욕심만 많지?'라고 생각한다면, 어떤 준비가 되어야 하는지 알려주어야 좋은 회사이다.

일단은 내가 좋은 회사를 다니고 있을 것이라 믿고, 보스나 인사부 담당자와 커리어의 성장에 대한 이야기를 해 보는 것이 필요하다. 보스와 인사부 담당자에게 내가 커리어를 성장시키기 위해 노력하겠다는 것을 알려주면, 회사에서는 내가 커리어를 성장시키고자 하는 열망career aspiration이 있다는 것을 알게 되고, 다음에 기회가 있을 때 나를 발탁하는 것을 한 번쯤 고려하게 된다. 그때 다른 요인이 (나의 업무 능력이 부족하다거나, 고객 관리 능력이 약하다거나, 대인 관계가 안 좋거나, 그 역할에 꼭 필요한 역량이 부족하거나…) 없다면, 다시 말해서 내가 준비되어 있다면, 내가 발탁될 확률이 높아진다.

자리가 사람을 만든다는 말에 현혹되지 말자. 다음 단계를 위한 준비를 미리 하자. 준비된 사람만 기회를 잡을 수 있다. 이것은 나 자신을 정확하게 판단하는 시점에서 시작된다. 잊지 말자. 자리가 사람을 만드는 것이 아니라, 준비된 사람만 그 자리에 오를 수 있는 것이다.

: 8 :

자만심은 No 자신감은 Yes

어렸을 때부터 "남들처럼 하면 중간은 간다" 이런 말이 참 싫었다. 지금도 여전히 남들처럼 해서 중간쯤 가는 선 하고 싶지 않다. 나 있는 그대로 자신 있게 살고 싶다. 그런데 직장 생활을 하다 보면, 나 있는 그대로 자신 있게 살아간다는 게 그리 쉬운 일은 아니다. 모순적으로 들릴지 모르겠지만, 나를 지속적으로 변화시켜야 나를 지키고 살아남을 수 있게 된다.

'나'에 대한 관심이 그 어느 때보다도 많은 시대라, 자존감이란 단어가 많이 들린다. 온라인 서점에서 자존감에 대한 책을 찾아보면 천권이 넘는 책이 검색될 정도이다. 사전을 찾아보니, 자존감은 '있는 그대로의 모습에 대한 긍정'을 뜻한다고 한다. 워낙 '나 있는 그대로의 긍정'이 힘든 세상이다 보니, 자존감이 더욱 중요해진 것이 아닐까 싶다. 나를 있는 그대로 긍정적으로 볼 수 있는 사람이 나 있는 그대로 자신 있게 살아갈 수 있고, 다른 사람도 있는 그대로 긍정적으로 볼 수 있을 것이다.

자존감이 없으면 자존감부터 키워야 하겠지만, 자존감만으로 살아갈 수 있는 세상은 또 아니다. 《세계 최고의 여성들은 왜 자신감에 집중할까》라는 책에서 케티 케이와 클레어 시프먼은 '자존감의 병폐'에 대해 언급한다. "학교와 가정, 심지어 직장 내에서까지 자존감을 지나치게 강조한 나머지 비현실적인 자존감이 형성되었다." 나 자신을 있는 그대로 긍정적으로 보는 것은 좋겠지만, 그렇다고 해서 더 이상 개선할 것도 노력할 것도 없다는 의미로까지 확대해석하는 것은 본인의 성장에 저해가 될 수 있다. 나를 성장시키고 변화시키는 것은 더 큰 의미의 자존감이라고도 해석할 수 있다.

자존감도 중요하지만, 회사 환경에서 특히 중요한 것은 자신감이다. 자신감은 자만심과 경계가 모호할 때가 있다. 자신감은 멋있지만 자만심은 한 마디로 재수가 없다. 애초에 자존감도 없고 자신감도 없는 게 문제인 사람이라면 당연히 자존감과 자신감을 키워가는 것이 우선이다. 그런데 어떤 경우에는, 자신감이 필요하다는 것은 알겠는데… 자신감과 자만심 사이의 선을 어떻게 지켜야 할지 잘 모르는 경우도 많은 것 같다. 아주 능력 있는 후배들 중에도 자신감과 자만심의 선을 잘 지키지 못해서 더 좋은 기회를 포착하지 못하는 사람이 의외로 많다. 도대체 어디까지가 자신감이고 어디까지가 자만심일까?

국어사전에 따르면 자신감은 '어떤 일을 해낼 수 있다거나 어떤 일이 꼭 그렇게 되리라는 데 대하여 스스로 굳게 믿음. 또는 그런 믿음'을 의미한다고 한다. 한편, 원불교대사전에 나온 소태산 대종사는 "자만심은 남 멸시하기를 좋아하고 배우기를 싫어하며, 특히 인과의 진리를 믿지 아니하고 수행이 없으며, 남 잘되는 것을 못 보아서 무슨 방면으로든지 자기보다 나은 이를 깎아 내리려 하나니라"라고 했다. 남을 깎아내리려 하는 것까지는 아니더라도, '배우기를 싫어하고 수행이 없는' 것도 자만심이라는 데 공감한다.

새로운 업무가 주어졌을 때, "잘할 수 있도록 열심히 해보겠다"는 것은 자신감이지만, '나 말고 누가 그 일을 할 수 있겠어?' 생각한다면 그것은 자만이다. 물론 이와 같은 자만심을 노골적으로 드러내는 사람은 없을 것 같지만, 본인도 모르게 자만을 드러내는 경우는 꽤 있다.

내가 어렸을 때 그랬던 것처럼 준비도 제대로 안 하고 시험에 합격할 것으로 기대하는 것이나, 업무 변경을 위한 사내 인터뷰는 '대강 붙여주겠지' 생각하는 안일함 등은 자신감이 아니라 자만에 가깝다. (사내에서 다른 기회가 있을 때에도 외부 면접처럼 준비를 해야 하는데, 이를 너무 만만하게 생각해서 기회를 포착하지 못하는 사람이 의외로 많다.) 고객과의 관계가 좋다고 해서 경쟁력 있는 오퍼를 하지 않으면서도 우리 회사나 우리 팀을 선택해줄 것으로 믿는다면 그것도 자만이다. 다른 사람은 틀렸고, 나만 옳다고 생각하는 아집도 자만에 더 가깝다.

어느 정도 자신감이 있는 사람이라면, 자만심으로 비춰지지 않을 정도로 유지할 수 있으면 좋다. 혹시 다른 사람의 의견 따위는 귓등으로 듣는 사람은 아닌가? 혹시 동료의 눈에는 자만심으로 똘똘 뭉친 사람으로 비춰지는 것은 아닌가? 사람들은 자만심이 가득한 사람의 말을 듣지 않는다. 듣는 척하지만 사실은 듣지 않는다. 내 말이 자만으로 비춰지면 내 말은 설득력을 잃게 되고, 사람들은 나의 주장을 받아들이기보다는 내가 틀린 부분을 찾아내는 데 최선을 다하게 된다. 그래서 자만하는 사람은 비즈니스 환경에서 설득력을 유지하기가 어렵다.

나는 어떤 사람인가? 나를 정확하게 파악하는 것은 내가 원하는 결과를 이끌어 내기 위해 꼭 필요하다. 나는 자신감 부족인 사람인가? 자신감 있는 사람인가? 아니면 자신감이 과도해서 자만심으로 비춰지는 사람인가? 나를 정확하게 파악하는 것은 생각보다 어려운 일이다. 요즘 회사에서는 팀워크를 향상시키기 위한 목적으로 직원들의 성격 테스트 비슷한 테스트를 많이 하는데, 나를 파악하고 주변 동료들의 특성을 파악하는 데 큰 도움이 될 수 있다. 특히 리더십 포지션에 가게 되면 '360도 다면평가'를 하는 경우가 많다. 360도 다면평가에서는 내가 나를 보는 관점과 나의 상사나 나의 팀원이 나를 보는 관점을 비교하여, 그 괴리가 얼마나 큰지 알 수 있게 된다. 상사와 같은 레벨에 있는 동료 및 팀원들에게 (위아래 모두) 골고루 긍정적인 평가를 받는 것은 쉽지 않다. (여담이지만, 같은 레벨에 있는 동료의 관점이 가장 비판적인 경우가 많다는 것은 매우 흥미롭다. 동료들을 높이 평가해 줄 만큼 자신감 있는 사람이 많지 않거나, '내가 낫다' 생각하는 자신감 또는 자만심 많은 사람이 많다는 의미가 아닐까.) 그만큼 회사에서는 지속적으로 스스로를 변화시켜야 살아남을 수 있게 된다.

다시 한 번 생각해 보자. 나는 어떤 사람인가?

자만심이 문제가 되기보다는 자신감을 키우는 것이 더 문제인 사람이라면, 자신감부터 키워보자. 일단 '할 수 있다'고 생각하고 '할 수 있도록 준비'를 하자. 작은 일이지만 열심히 준비해서 작은 성취감을 느껴보자. 작은 성취감이 모이면 자신감이 생긴다. 부족한 부분이 있었다면 채우면 그만이다. 부족한 부분보다는 넉넉한 부분, 내가 잘한 부분을 더 많이 보자. 작은 돌을 하나씩 쌓아가는 것처럼, 내가 잘한 부분을 쌓아서, 부족한 부분을 메꿔 버리자.

모르는 것을 아는 척 허세를 부리지는 말자. 아는 척한다는 것은 쉽게 알려지고, 상대방은 나에 대한 믿음을 잃게 된다. 특히 주니어나 젊은 직원이라면, "하루라도 빨리 실수를 해 보세요"라고 말하고 싶다. 부장이 되어서, 임원이 되어서 실수를 하면 돌이킬 수 없게 될 확률이 높다. 주니어일 때, 중간 관리자일 때, 최대한 많은 시도를 하고 실수를 해서 본인을 키워 나가야 한다. 작은 시도를 많이 해 볼수록 짧은 기간 내에 남보다 많은 경험을 할 수 있게 된다. 시도를 해 보지 않으면 내가 잘하는 사람인지 알 수도 없고, 자신감을 갖기도 어렵다. 시도도 안 해보고 잘할 것이라고 믿는 것은 자만이다.

내가 다니던 회사에서 나는 한국 내에서는 나름 임원이었지만, 유럽과 아시아 리더들이 모이는 싱가포르 회의에 참석을 하면 내가 가장 낮은 직급일 때도 많았다. 외국의 임원들은 영어가 모국어인 사람들이 대부분이고 말도 많아서, 내가 중간에 끼어들어서 말하기는 쉽지 않았다. 리더들 사이에서 멍청한 소리를 할 수도 없고, 입을 꼭 다물고 있을 수도 없었다.

처음에는 조용히 회의 참석만 하고 돌아왔다. 그런데 외국 사람들은 발언을 안 하면 의견이 없는 것으로 생각한다. 계속 의견이 없으면 그 사람을 회의에 참석시킬 이유도 없다고 생각한다. 한국에서 온 사람이 나 하나뿐인 경우, 내가 말을 안 하면 한국의 입장을 아무도 못 듣는 상황이 되어 버렸다. 자신감과 자존감이 함께 회의실 문 밖으로 달아나는 느낌이었다.

다른 나라 리더들에게 한국의 입장을 알려주기 위해서는 내 의견을 발표하는 것이 꼭 필요했다. 많은 임원들이 해외의 회의에 혼자 가는 것을 싫어하는 이유를 알 것 같았다. 나는 자신감을 회복하기 위해 일단 입을 여는 연습을 했다. 어떤 회의에 참석하건 최소한 한 마디는 꼭 하는 습관을 들였다. 의견을 말하기 어려우면 반드시 손들고 질문이라도 했다. 입을 벌리기 위해서는 남의 말을 주의 깊게 들어야 했다. 회의에서 오가는 대화를 최대한 열심히 들었다. 한편, 회의 전에 미리 질문을 준비했다. 되도록 다른 사람들에게도 도움이 되는 말을 하고자 노력했다. 회의 때마다 나 혼자 비장한 준비를 하게 되기는 했지만, 나는 점차 자신감을 회복할 수 있었다. 준비 없이 자신감이 생기지는 않는다.

나를 돌아보자. 나는 어떤 사람인지, 다른 사람에게 어떻게 비춰지는지 알아야 한다. 혹시 (나의 모습을 비디오 촬영해서 보았을 때) 내가 자신감이 없어 보이는 사람이라면 자신감 있게 나를 표현하도록 나를 바꾸어 가자. 자신감은 저절로 오지 않는다. 다양한 시도를 하고 실수를 겪어본 사람, 스스로를 지속적으로 변화시키고자 하는 사람, 늘 준비하는 사람만이 설득력 있는 자신감을 가질 수 있다. 자만하지 않는 자신감이야말로 상대방을 설득하는 파워가 된다.

:9:

절실함은 최고의 무기
면접과 이력서에 드러나는 진심

TV를 보다가 장도연이라는 개그우먼의 공채 입사 면접 이야기를 듣게 되었다. 면접관이 "나가!"라고 소리칠 정도로 면접이 순탄하지는 않았던 모양인데, 필살기로 무릎을 꿇고 라이터를 꺼내 들고 머리카락을 그을려 연기를 내며 "개그맨이 되고 싶습니다. 시켜주십시오!" 했다고 한다. 머리카락에서 연기가 나며 아침이슬을 불렀다면, 도대체 재미있거나 웃기지는 않았을 것 같은데… 장도연은 어떻게 공채에 합격했을까? 그녀의 절실함이 전달되었기 때문이라고 생각한다.

절실함은 상대방에게 전달된다. 내가 간절히 원하지 않으면, 상대방도 그것을 알아챈다. 장도연의 에피소드를 보고 문득, 통역대학원에 세 번째 응시했을 때 기억이 떠올랐다. '이번에 떨어지면 두 번 다시 응시하지 않겠다'고 가족과 친구들에게 모두 말을 해놓은 상태였다. 이번에 떨어지면 정말 난감한 상태였고, 대학 졸업 후 3년 동안 이력서에 넣을 만한 경력이 하나도 없이 뭔가 다른 일을 새로 시작해야 했을 상황이었다. 무언가를 하려면 준비를 하고 응시해야 하는데, 이력서에 준비생이나 응시생으로 넣을 수 없다는 것은 아이러니다.

1차 시험에 합격하고 2차 면접에 들어가서, 통역 실기 시험을 봤다. 앞에 앉은 면접관 두 분은 연배가 있는 교수님들 같았고, 소파에 기대앉아서 무척 지쳐 보였다. 정확하게 숫자가 기억나지는 않지만, 주말 이틀 동안 대략 100명 넘게 인터뷰를 하셨을 테니 지칠 수밖에… 내가 죽기 살기로 통역 실기를 하는 모습을 얼마나 관심 있게 보셨을까 싶었다. 해외파가 아닌 국내파인 내가 귀가 확 뜨이는 영어 실력을 보였을 리는 없고, 그냥 100명 중 한 명으로, 콘크리트 벽에 회색 옷 입고 서 있는 사람처럼 보였을 것이다. 크게 잘한 것도 아니고 큰 실수도 없이 면접이 끝났고, 두 분은 내게 "수고했어요" 했다. 아무런 감흥 없이 나가 보라는 말이었는데, 이대로 나가면 나를 전혀 기억하지 못할 것 같았다.

나도 모르게 불쑥 "한 말씀만 드려도 되겠습니까?"라고 말했다. 그랬더니 소파에 기대앉고 있던 두 분이 허리를 곧추세우며, "응? 무슨 말? 그래. 해봐요"라고 했다. 10초 전까지만 해도 전혀 없던 관심이 느껴졌다. 난 두 분의 눈을 똑바로 쳐다보면서 말했다. "전 이 시험에 세 번째 응시하고 있습니다. 작년에 1차는 합격했는데, 2차에서 떨어졌습니다. 이번에는 꼭 합격하고 싶습니다. 제게 기회를 주신다면 정말 열심히 해서 좋은 통역사가 되겠습니다"라고 말했다.

두 분은 처음으로 나의 눈을 관심 있게 쳐다보는 듯했고, 종이에 뭔가를 적었다. 두 분은 "그래요. 잘 알겠어요. 수고했어요"라고 밖에 말씀하지 않았지만, 나의 절실함이 전달된 것일까? 난 그 해 세 번의 시도 끝에 드디어 합격을 했다.

가끔 궁금할 때가 있다. 내가 그런 말을 안 했어도 합격을 했을까? 아니면 그런 말을 했기 때문에 합격할 수 있었던 것일까? 입학 동기들에게는 차마 부끄러워서 이런 얘기를 하지는 않았지만, 나의 절실함과 간절함을 솔직하게 드러내고 표현한 것이 결코 마이너스는 아니었을 것이라고 확신한다.

당시 내 나이보다 두 배 많은 나이가 된 지금, 업무 특성상 수없이 많은 인터뷰를 해야 했다. 이제는 내가 소파에 앉아 있는 연배 있는 사람이 되어서 그런지, 나도 피곤한 얼굴로 면접을 보고 있을 때도 많을 것이다. 수십 장의 이력서를 보다 보면 이 사람이 저 사람 같고, 어제 만난 사람과 지난주에 만난 사람이 헷갈리기도 한다. 내가 맡고 있는 팀원이 많았고, 이직이 잦은 업계였기 때문에, 결원이 생기거나 좋은 기회가 생기면 수시로 이력서를 검토하고 면접을 해야 했다. 만나보면 모두들 열심히 하겠다고 하는데 도대체 진심이 느껴지지 않을 때가 많았다.

믿기지 않겠지만, 이력서만 봐도 진심이 느껴지지 않을 때가 있다. 이력서에서 가장 중요한 것은 스토리라인storyline인데, 도대체 맥락이 안 보이는 이력서가 생각보다 많다.

일단 이력서를 볼 때는 그 사람이 순차적으로 어떤 인생을 살아왔는지 본다. 제일 먼저 눈에 띄는 것은 1년 이상 공백이 있을 때이다. 그 공백은 무엇을 하면서 보냈는지 설명이 필요하다. 우리나라에서는 시험 준비하다가 잘 안 돼서 직장으로 선회한 경우가 꽤 많다. 나도 그럴 뻔했고, 충분히 이해가 가지만, "시험을 떨어져서 아무 데나 지원했어요"라는 느낌을 주면 회사로서는 그 사람을 뽑기가 힘들어진다. 최소한 "시험 준비를 하다 잘 안 되었지만, XXX 이런 이유 때문에 저는 이 업계에 지속적인 관심이 있어서 이번에 지원하게 되었습니다"라는 설명을 진정성 있게 할 필요가 있다.

어떤 이력서는 오타가 있거나 연도가 맞지 않거나 한 경우도 있다. 그런 경우에는 '디테일이 중요한 역할에는 맞지 않겠구나' 하고 판단하게 된다. 최악의 경우는 이력서나 자기소개서에 우리 회사가 아닌 다른 회사나 우리가 뽑는 역할이 아닌 다른 역할이 포함된 경우이다. 지원하는 회사나 포지션에 따라 이력서와 자기소개서를 수정해서 보내는 정도의 성의도 없는 사람이라면 절실하지 않은 게 분명하다. 다른 회사의 이름을 넣을 바에야, 차라리 '일반적인' 이력서만 보내는 것이 낫다. 후보자를 구하기 매우 힘든 포지션이라면 자기소개서 없는 이력서도 고려될 때도 있다.

이력서를 보내기 전에 이력서 상의 학력과 경력이 내가 지원하고 있는 회사와 맥락이 일관성 있는지 확인해야 한다. 어떤 면접관은 내 이력서를 보고 친절하지만 날카롭게 지적해 준 적이 있다. "이 이력서의 스토리라인을 보면, 우리 회사를 오고 싶어 하는 것 같지 않은 데?" 쥐구멍에라도 들어가고 싶을 만큼 부끄러웠다. 난 사실 그 회사에 별로 관심이 없었고, 그게 이력서 상에 그대로 드러났던 것이다. 스토리라인이 제대로 나오려면, 어떤 학교를 나와서 그 다음 경력을 쌓은 이유가 무엇인지, 그리고 경력을 옮긴 이유가 무엇인지⋯ 결과적으로 그 학력과 경력이 지금 인터뷰 하고 있는 회사와 어떤 연관이 있는지 설득력 있게 설명할 수 있어야 한다. 난 그 인터뷰 이후, 일관성 있는 스토리라인이 얼마나 중요한지 알게 되었다.

한편, 시점을 바꿔서, 우리가 기억해야 할 것이 있다. 면접은 일방향이 아니라 양방향이어야 한다는 사실이다. 회사만 직원의 면접을 보는 것이 아니다. 직원도 인터뷰를 하면서 '이 회사가 내게 맞는 회사인지. 내가 다니고 싶은 회사인지' 확인해야 한다. 직원도 회사를 인터뷰해야 하는 것이다.

요즘에는 우리나라에서도 여성에게 임신 계획이 있는지 등 무례한 질문을 하는 것은 용납되지 않는다. 몇 시까지 술을 마실 수 있는지, 야근을 밥 먹듯 할 수 있는지 등과 같은 질문도 적절하지 않다. 만약 인터뷰 중에도 이런 질문이 용납되는 분위기라면 실제로 회사를 들어갔을 때는 정말 '까라면 까는' 분위기일 확률이 높다.

절실함과 간절함은 최고의 무기가 될 수 있다. 내가 진심으로 원하는 일, 열정이 생기는 일이 있다면, 나의 절실함을 솔직하게 드러내자. 상대방이 나의 진심을 느낄 수 있게, 그래서 좋은 선택을 할 수 있게 도와주자. 한편, 나에게도 선택이 있다는 것을 잊지 말자. 나를 위해서도 최선의 선택을 하기 위해 늘 눈과 귀를 열어 두자.

: 10 :

No라고 말할 수 있어야 할 때

"Just say no."(그냥 No라고 해)는 미국 레이건 대통령 시절 영부인이었던 낸시 레이건이 주창했던 마약과의 전쟁 슬로건이었다. 요즘에 TV에서 많이 나오는 '담배는 노답' '지금 노답(No담배)'과도 일맥상통하는 메시지라고 볼 수 있다. No하라고 국가적인 캠페인을 벌이는 이유는 그만큼 No하는 것이 쉽지 않기 때문이다. 회사 상황에서도 No라고 말하는 것은 당연히 어렵다. 자칫 잘못하면 부적응자로 낙인찍히기 쉽다. 현실적으로 웬만하면 Yes라고 하는 것이 커리어에는 더 도움될 때가 많다. 오죽하면 예스맨(Yes Man)이라는 말까지 있을까. 그러나 내가 도저히 받아들일 수 없는 것에는 No라고 말할 수 있어야 한다.

내가 제일 싫어하는 말 중에 "정신력으로 버티라"는 말이 있다. 체력이 안 되면 정신력으로라도 버티라는 것인 모양인데, 체력이 없으면 정신력도 없어진다. 사람마다 견딜 수 있는 한계도 다르다. 누군가에게는 10만큼 힘든 것이 나에게는 100만큼 힘들 수도 있다. 그런데도 무조건 버티라고, 견디라고 하는 것은 내 기준으로 남에게 강요하는 매우 자기중심적인 발상이다.

어렸을 때 '난 정신력이라곤 없는 사람인가보다'라고까지 생각했다. 잠을 안 자고 정신력으로 버텨야 대학을 가고, 술을 정신력으로 잘 먹어야 사회생활을 잘한다는데⋯ 나는 도대체 정신력 쪽으로는 잘하는 게 없었다. 그러고 보니 체육 시간에 제일 못했던 것이 '오래달리기'이기도 했다.

나도 술이 센 사람이고 싶었는데, 나는 그렇지 못했다. 소주 반병과 맥주를 쉬어 마시면 바로 정신줄을 놓았다. 아무도 집 못 가게 하고 길거리에서 눕고 소리를 고래고래 지르고⋯ 했다는데 나는 필름이 끊겨서 기억이 잘 안 났다. 다만 중간 중간 섬광을 본 듯한 장면이 생각나곤 해서⋯ 내가 그랬을 리가 없다고 반박할 수도 없었다. 미국에 있는 친구들과 술을 먹었을 때, 내가 어마무시한 사이즈의 팝콘을 하나씩 던지며 친구의 침대를 난장판으로 만들었다고 아직도 놀리는데⋯ 세상 얌전한 내가 그렇게 재미있는 술친구가 될 수 있는 사람이었다니, 내가 모르는 나를 발견한 것처럼 반갑기도 했지만, 부끄러움은 나의 몫이기도 했다.

내 친구는 날 보고 "술은 정신력이야"라고 했다. 그런데 나중에 알고 보니, 술 잘 먹는 인간들만 이런 소리를 한다. 잠 없는 인간들만 "잠은 정신력이야"라고 한다. 사람들은 자신이 남보다 조금 잘할 수 있는 건 "정신력으로 버틴다"라는 식으로 표현하는 것 같다. 그러나 그건 정신력이 아니라 본인이 다른 사람보다 약간 더 재능이 있거나 그런 것을 좋아하는 성향이 있다는 의미일 뿐이다.

나는 도대체 왜 술을 정신력으로 버텨야 하는지 이해가 안 갔다. 우리 아버지는 이제 90이 넘으셨지만, 한때는 술 꽤나 하시는 분이었다고 한다. 특히 다른 '전설적인' 친구분들에 대해서도 가끔 말씀해 주시곤 했는데, "그 술집에 있는 술을 모조리 마셨다는 분… 김장독만한 술독을 전부 비웠다는 분…" 등 한두 분이 아니었다. 어느 날은 아버지께 물었다. "그래서… 그 술 잘 드시던 분들은 지금 어떠세요? 지금도 잘 드세요?" 했더니, 아버지 말씀이… "술 잘 먹던 놈들? … 다 죽었지. 술에 장사 없어."

술에 장사 없다는데, 내가 뭐라고… 없는 정신력을 탓할 게 아니라, 도저히 못 마시겠는 술은 No 해야겠구나… 사실 고객과 만났을 때 술을 사양하기는 쉽지 않은 것이 현실이다. 그렇지만 내가 남들처럼 술을 잘 마실 수 없다는 것을 인정하고 받아들이고… No라고 말하기 시작했다.

사실 나도 은근과 끈기… 이런 개념을 참 좋아한다. 대기만성형인 나에게는 딱 맞아서, 나도 끈기 있게 무언가를 1년이고 5년이고 하면서 버티는 것을 잘하는 구석도 있다. "끈기는 정신력이지…"라고 말할 걸 그랬나 보다. 그러나 내가 그렇게 버틸 수 있는 게 있고, 그렇지 않은 부분이 있다. 내가 어떤 부분에서는 남보다 덜 힘들게 버틸 수 있는지, 어떤 부분에서는 남보다 훨씬 쉽게 포기하는지, 그걸 알아내야 한다. 버티는 것도 한계가 있고, 정신력이란 나의 한계를 넘지 않을 때 발휘되는 것이다. 내가 도저히 안 되는 상황이면, 무조건 정신력으로 버틸 것이 아니라, 내가 잘할 수 있는 환경을 만들어 가야 한다.

이런 생각을 하는 데 참 오래 걸렸다. 그렇지만 난 술을 강요당하는 환경에서는 기쁘지 않다는 것, 야근을 강요당하는 환경에서는 업무 효율이 오르지 않는다는 것 등을 깨닫게 되었다. 나는 아침형 인간에 가까워서 저녁에는 도저히 능률이 오르지 않았다. 아침보다는 저녁에 더 눈이 반짝거리는 사람도 많지만, 나는 차라리 아침에 조금 일찍 가서 업무를 보는 편이 좋고, 저녁에는 일찍 퇴근해서 쉬고, 생각할 시간을 조금 더 갖는 것을 좋아한다.

직급이 낮으면 선택할 수 없다고 생각하는 사람들이 많지만, 꼭 그런 것은 아니다. 주니어 중에도 본인의 의사를 잘 밝히는 사람들이 꽤 있다. 다만 요령이 있다.

1. 업무에 대해서는 No하지 않는다. 업무를 확장하거나 역할을 더 맡는 것을 No하면 회사에서 성장하지 않겠다는 의미가 된다. 업무에 대해서는 일단 Yes라고 한다. 다만 너무 무리하다싶은 일정을 요청 받거나 할 때에는, 구체적으로 어느 정도 시간이 걸릴지 미리 파악해서 "현재 진행하고 있는 A 프로젝트 때

문에, B 프로젝트 업무는 XX까지 가능할 것 같습니다"라는 식으로 보스와 솔직하게 얘기하면 보스가 우선순위를 정해주거나 일정을 조정해 줄 수 있다. 중요한 것은, 상황을 미리 파악해서 일찍 커뮤니케이션 하는 것이다. 마지막 순간까지 아무 말 없다가 "시한을 못 맞출 것 같습니다"라고 말하는 것은 프로답지 못하다.

2. 업무 외적인 부분에서 나에게 도저히 맞지 않는 부분은 No 할 수 있어야 한다. 다만 No를 상대방 입장에서 잘 표현하면 된다. 예를 들어, 몸이 힘들어서 회식을 못 갈 것 같으면, "제가 오늘 컨디션이 너무 안 좋아서 회식을 못 갈 것 같습니다. 다음 주까지 해야 하는 프로젝트를 잘 끝낼 수 있도록 컨디션 조절을 하고 오겠습니다" 등과 같이 말할 수 있다. 회사에서는 어차피 업무를 잘하고 성과를 내는 것이 중요한데, 아프다는 사람을 회식 오라고 강요할 수는 없다. 물론 사람이 아프다고 하는데도 회식을 오라고 하는 회사라면, 내가 그 환경에서 오래 버틸 수 있는 사람인지 진지하게 고민해 봐야 한다. 도저히 피할 수 없는 괴로운 일이 지속적으로 발생하는 회사라면 어쩔 수 없이 이직을 고려해야 한다.

중요한 것은 나를 파악하는 것이다. 내가 언제 가장 효율적으로 일할 수 있는지, 언제 가장 스트레스를 받는지 등. 내가 버틸 수 있는 한계를 넘어서는 일이라면, 그 스트레스로 업무에도 나의 삶에도 부정적인 영향을 받고 있다면, 어떻게 No 할 것인지 심각하게 고민해 봐야 한다. 내가 잘할 수 있는 환경을 만들어 가야 한다. 내가 가장 효율적으로 성과를 높일 수 있는 방법에 대해 보스에게도 솔직하게 말해볼 수 있다. 내가 성과를 높일 수 있는 방법으로 일하겠다는 데 그것을 막을 보스는 거의 없다. 다만 보스도 이해할 수 있는 언어로 (성과이건 고객 만족이건 업무 완성도이건… 보스가 중요하게 생각하는 이유를 들어서) 진술하게 설명하면 의외로 효과적으로 No 할 수 있게 된다.

: 11 :

긍정의 힘

부정적인 말은 긍정적인 말보다 훨씬 크게 들린다. 투자를 할 때도 이익을 얻을 기회와 손실을 회피할 확률이 같다면, 손실을 회피하는 것을 선택하는 경향이 크다고 한다. 그만큼 사람들은 손실에 대한 두려움이 크다. 내년의 주택 시장이 활황일 것이라는 예측과 무너질 것이라는 예측이 함께 나오면, 무너질 것이라는 목소리가 훨씬 크게 충격적으로 들린다고 한다.

나도 비관론자로 자랐다. 남들처럼 "안 된다"는 말을 많이 들으면서 자랐다. 어려서 안 되고, 여자라서 안 되고, 경험이 없어서 안 되고… 이젠 나이 들어서 안 된다고 한다. 사실 안 된다고 생각하면 노력하고 싶지도 않아진다. 문제는 노력도 안 하면 정말 안 된다는 사실이다. 남다른 운발을 갖고 태어난 사람이 아니라면, 노력 없이 잘 살아가기는 쉽지 않은 세상이다.

일단 된다고 생각하자. 혹시 안 되더라도 '더 좋은 일'이 있을 것이라는 암시로 생각하자. 다만 '잘 될 거야'라는 생각으로 철저히 준비를 하자. 다행히 행운은 '준비된 자'에게 온다고 한다.

윈스턴 처칠은 "비관론자는 모든 기회에서 어려움을 보고, 낙관론자는 모든 어려움에서 기회를 본다"고 했다. 처칠처럼 거창하게 말하지는 않아도, '나는 정말 운이 좋아'라고 생각하면 일단 기분이 가벼워진다.

오늘 했어야 할 일을 오후 늦게 발견했을 때, '내가 이걸 또 놓쳤네… 나는 왜 이럴까?' 생각할 수도 있고, '오늘 늦게라도 알게 되어 얼마나 다행이야! 나는 정말 운이 좋아' 생각할 수도 있다. '나는 왜 이럴까?'와 같은 생각이 꼬리를 물게 되면 '나는 늘 이 모양 이 꼴이야…'로 비약될 수 있다. 나도 모르게 우울해지고 더 이상 다른 일을 할 의욕도 생기지 않게 된다. 내가 아직 안 했지만 아무도 발견하지 못한 그 일을, 오늘까지 하면 될 그 일을, 나는 남보다 열 배의 스트레스를 안고 하게 되는 것이다. 어쩌면 스트레스가 버거워서 오늘 그 일을 끝내지 못할 수도 있다.

오늘 늦게라도 알게 되어서 정말 운이 좋다고 생각한다면, 결과는 완전히 달라질 것이다. 오늘 늦게라도 그 일을 하게 된 것에 감사하게 된다. 기쁜 마음으로 야근도 불사하게 될 것이다. 당연히 좋은 마무리도 할 수 있게 된다. 결국 "긍정적인 사람은 한계가 없고, 부정적인 사람은 한 게가 없다"(《관점을 디자인하라》, 박용후)라는 말이 무한 공감되는 이유이다.

시험 볼 때 '초치기'라도 하는 사람들은 긍정적인 사람이라고 생각한다. 초치기를 해서라도 시험 성적에 도움이 될 것이라고 생각하는 것이다. 어렸을 때 초치기를 하면 성적이 조금이라도 더 나온다. 역으로 생각하면, 초치기라도 안 했다면 성적이 더 나빴을 것이다. 다행히 초치기 할 때 본 내용이 시험에 나오는 경우가 많았기 때문이다. 그래서 '초치기도 실력이다'란 말이 있었던 것 같다. 그런 경험이 누구나 있을 것이다.

나도 1차와 2차로 나뉜 시험을 봤을 때, '안 될 거야'라는 생각이 시험결과에 어떤 영향을 미치는지, "할 수 있다"는 말이 얼마나 큰 도움이 되는지 경험한 적이 있다. 대부분의 시험은 1차, 2차 시험을 한꺼번에 보거나, 1차 시험 합격 발표 후 일정 기간 이후에 2차 시험을 보게 되는 구조이다. 내가 본 시험은, 1차 시험 결과를 2차 시험 하루 전 날에 알게 되는 매우 짜증나는 시스템이었다. 1차를 합격했을 것이라고 가정하면, 1차 시험을 본 즉시 2차 준비를 열심히 해야 한다. 1차에 합격하지 않았을 것이라고 생각하면 2차 준비를 할 필요가 없는 상황이었다.

당연히 2차를 준비했어야 하지만, 나의 비관론이 고개를 들고, 1차에 합격하지 못했을 것이라는 생각이 날 지배했다. 미리 실망했다. '2차 준비해봐야 소용없어' 생각했다. 그래서 1차 시험 후 넋을 놓고 있었다. 그런데 예상 외로 1차를 합격한 게 아닌가? 얼떨결에 2차 시험을 봤지만, 역시 2차에서 불합격하고 말았다. 내가 만약 1차를 합격했다고 믿고 2차를 준비했으면 어땠을까? 불합격할 것이라는 자기 암시 때문에 결국 2차에서 불합격하게 된 것 아닐까? 내가 이번에 2차까지 합격할 실력은 아니라고 생각했기 때문에 불합격하게 된 것은 아닐까? '안 될 거야' 생각하면 실제로 안 된다.

1년을 더 기다려 그 다음 해에 시험을 치를 때는 완전히 다른 마음가짐이었다. '할 수 있다. 합격할 수 있다!' 1차 시험을 보고 나서 무조건 2차 시험을 준비했다. 이번에는 꼭 합격할 것이라고 끊임없이 자기암시를 했다. 1년을 더 공부했으니 실력도 늘었겠지만, 긍정의 자기암시로 결국 2차 시험까지 합격할 수 있었다고 믿는다. 만약 내가 전년도에도 이렇게 긍정적으로 사기암시를 했더라면 어땠을까? 다음 해까지 기다릴 필요 없이, 그 전 해에도 합격을 할 수 있었을지도 모른다. 나도 나를 믿지 않는데, 남이 나를 믿어주고 합격을 시켜줄 리는 만무하다.

회사에서도 마찬가지다. 무슨 프로젝트를 하건 '안 되는' 이유만 말하는 사람들이 있다. 그런 사람들은 본인이 경험이 많고 객관적이라고 생각하는 경우가 많다. 본인이 많이 안다고 생각하니 그런 의견을 내는 데 서슴지 않는다. 문제는, '안 된다'고 생각하는 사람들은 '안 되는' 이유만 찾는다는 데 있다. 정부 규제나 회사 규정 등 온갖 '안 되는' 이유를 찾는다. '되는' 방향보다는 '안 되는' 방향으로 일을 밀어가기 때문에 일이 될래야 될 수가 없다. 해 보기도 전에 "안 된다"고 주장하는 사람들을 설득하는 데는 시간이 많이 걸리고 진이 빠진다. 이런 사람들과는 더 이상 일을 하기가 싫어진다. 이런 사람들은 다음 프로젝트에 본인이 빠져 있으면 왜 그런지 이해를 못한다. 본인이 늘 "안 된다"고 말하는 사람이라는 것은 생각하지 않고, 본인에게 기회가 주어지지 않는다고 탓만 한다.

물론 무조건 '된다'고 믿고 일을 추진하는 사람과 일을 하는 것도 피곤할 때가 많다. 삽질을 많이 하게 될 수도 있다. 시간과 인력을 낭비하고 결국 성과가 없을 수도 있다. 그러나 '해본' 경험을 축적하고 경험에서 배움을 찾을 수만 있다면, 일단은 해봐야 한다. 일단 해 보기 위해서는 '할 수 있다'는 생각이 있어야 한다.

어떤 일이 주어졌을 때, "해보겠습니다!" 하는 사람과 "그건 안 될 것 같은데요?"라고 말하는 사람 둘 중에 누구와 일하고 싶을까? 회사에서 새로운 역할이 주어졌을 때에도 '회사에서 왜 나에게 이런 역할을 주는 거지?'라고 일단 거부 반응을 보이는 친구들이 있고, "다양한 경험을 쌓으면 좋겠다"고 긍정적으로 생각하는 친구들이 있다. 거부 반응을 보이는 친구들이 일을 잘 해낼 리는 별로 없다. 근근이 하루하루를 버티고 월급날만 기다리게 된다.

다양한 경험을 '기쁘게' 쌓아 가는 사람은 그 과정에서 본인을 성장시킬 수밖에 없다. 2~3년 후 또 다른 기회가 생긴다면 누구에게 기회가 먼저 갈까? 다양한 경험으로 괄목할 만한 성장을 한 사람에게 더 좋은 기회가 갈 수밖에 없다.

어렸을 때는 "긍정적으로 생각할 때 일이 좋은 방향으로 풀리게 마련이다"라는 말이 참 진부하게 들렸다. 그러나 "잘 될 거야"라고 말해주는 친구와 더 자주 만나고 싶어진다. "한번 해보겠습니다"라고 말하는 동료와 함께 일하고 싶어진다. '잘 되는 방향을 찾는' 사람과 함께 팀을 이루고 싶어진다. 내가 늘 "안 된다"고 말하는 사람이라면, 한번쯤 시점을 바꿔볼 필요가 있다. 내가 상대방의 역할을 한다면? 내가 꼭 해야 하는 중요한 프로젝트를 "안 된다"고 말하는 사람과 함께 일하고 싶을지.

12

매일 아침 10분 동안 해야 할 일

10분 일찍 하루를 시작하자.

나는 늦는 것을 참 싫어하는 성격이 되었다. 나이 들어서 그런가? 어렸을 때에는 느릿느릿한 사람이었는데, 어느 순간부터 그 습관을 바꾸게 되었다. '늘 늦는 사람'이라는 이미지가 싫어서였던 것 같다. 일찍 도착하는 버릇을 들이다 보니, 이제는 친구들과의 약속에서도 약속 시간 30분 전에 도착하는 것이 습관이 되었다. 그러다 보니 친구가 약속 시간보다 5분만 늦게 와도, 나는 이미 35분을 기다린 셈이 되기 때문에 나 혼자 부글부글하고 있는 경우가 생겼다. 나이 들면 꼬장 꼬장해진다더니… 특히 고객과의 미팅에서는 늘 20~30분 전에 도착하는 것을 선호하기 때문에, 어느 날 일본 고객과의 미팅에서도 30분 전에 도착했더니, 일본의 동료가 조언을 해 주었다. 일본의 비즈니스에서는 너무 일찍 도착하는 것도 예의가 아니라고. 상대방을 미안하게 만들 수 있으니, 딱 5~10분 전에 도착해야 한다고.

상황에 따라 적당한 타이밍에 나타나 주는 것이 생활의 지혜인 것 같다. 그렇다고 해도 회사 출근만큼은 최소 10분 일찍 시작하는 것이 여러 가지 장점이 있다.

출퇴근 시간에 대해 아주 빡빡한 편이 아닌 회사를 다닌다고 해도, 9시에 땡하고 사무실에 들어가거나 회사 엘리베이터에 끼어 있으면 괜히 하루를 조마조마하게 시작하게 된다. 아침을 불필요하게 조마조마 눈치 보며 시작하지 말자. 사실 지각하는 것도 습관이다. 늦는 사람은 늘 늦고, 일찍 오는 사람은 대부분 일찍 온다. 늘 늦는 사람은 프로다워 보이지 않는다. 10분 일찍 도착하기 위해 뭘 해야 하나 생각해 보자. 10분 일찍 오려면 30분 일찍 오게 된다고 엄청 억울해 하는 사람들이 있다. 30분 일찍 오면 더 좋다. 그 시간을 알차게 쓰기만 하면 된다.

아침을 여유 있게 열어 보자. 일단 일찍 출근하면 사람들 사이에서 부지런한 사람으로 인식되기 시작한다. 일찍 오기만 했는데도, "크게 될 사람이야…"라는 농담까지 나오는 것을 본 적이 있다. 아마도 임원들이 대부분 일찍 출근하기 때문이 아닐까 싶다. 물론 임원들이 대부분 나이가 들어서 아침잠이 없어져서일 수도 있지만, 일찍 출근해서 남보다 먼저 하루를 계획하는 사람들은 업무에 대해 주도적으로 계획할 수 있게 되고, 그런 사람들이 회사에서 임원이 될 확률은 더 높을 수밖에 없을 것이다.

아침에 달랑달랑 출근해서 하루를 정신없이 보내다 보면, 정작 중요한 일을 놓칠 때가 많다. 우선순위를 확인하지 않고, 지금 당장 급한 일부터 서둘러서 하게 된다. 그렇게 하루가 가고, 일주일이 가고, 한 달이 가면, 어느새 일 년이 지나가 버린다. 이렇게 업무를 하다 보면 대책 없이 허무한 직장 생활이 되어 가고 나의 성장 속도가 늦어지게 마련이다.

우선 나의 업무 스타일을 객관적으로 보자. 아침에 일찍 출근하는 편인가? 아니면 9시 땡하고 사무실 문을 열고 들어가면서 사람들의 주목을 받는 것을 개의치 않는 사람인가? 출근하면 일단 가방 놓고 커피부터 마시는 사람도 많고, 누군가와 티타임을 갖는 것으로 하루를 시작하는 사람도 있다. 일찍 출근하는 사람은 구내식당에서 밥부터 먹고 시작하는 사람도 있다.

어떤 패턴이건 본인의 스타일에 맞게 하면 되겠지만, 출근해서 최소한 10분 정도는 하루를 계획하는 시간을 가질 여유가 있어야 나의 일정을 주도적으로 관리할 수 있다.

1. 일단 오늘 일정에 적어 놓은 것을 훑어보면서 우선순위를 조정한다.
2. 어제 못다 한 일이 있는지 확인한다. 어제 했어야 하는 일은 어제 끝냈어야 하지만, 혹시라도 못했다면 1순위로 해야 할 수 있다. 어제 회의 중에 적어 놓은 노트를 살펴보고, 추가적인 조치를 취해야 할 일이 있는지 확인하고 오늘 일정에 넣어 놓는

다. 나의 결과물을 기다리고 있는 사람이 있다면, 일정에 맞게 제공될 것인지, 혹시 지연된다면 언제까지 제공할 예정인지, 꼭 미리 커뮤니케이션을 해야 한다. 상대방이 나를 독촉할 때까지 과묵하게 있다 보면, '커뮤니케이션의 부재'가 나의 업무 스타일로 인식될 수 있다.

3. 오늘 해야 할 일을 훑어본다. 오늘 해야 할 일 중에서도 우선순위가 높은 것은 먼저 해야 한다고 (예를 들어, 10시까지 끝내야 한다고) 시간까지 일정에 적어 놓는다. 혹시 내일로 미룰 수 있는 일이 있으면 그 우선순위는 조금 밀릴 수 있다.

4. 중요한 업무는 1~2시간에 끝낼 수 있는 일이 아닌 경우가 많다. 중요한 프로젝트가 있다면 이를 모두 끝내려면 어떤 업무를 해야 할지 단계별로 나누고 각 단계를 차근차근 해 나갈 필요가 있다. 중요한 프로젝트를 단계별로 나눈 각 단계를 언제까지 끝내야 하는지 일정을 미리 계획해서 입력해 놓는다. 그 개별 일정을 나 스스로 준수해 나가야 한다.

5. 일정에서 최소한 이번 주까지 끝낼 일들을 살펴보고, 가급적 다음 주까지의 일정에 대해서는 확인하고 미리 취해야 할 조치를 취한다.

한편 1주일에 1시간 정도, 또는 한 달에 2~3시간 정도는 장기적인 계획 및 점검을 위한 시간으로 할애할 수 있어야 한다. 내가 원하는 미래, 10년 후를 계획하고 오늘을 살고 있다면, 1년에 한 번씩은, 1년을 12개월로 쪼개서 매달 한 번쯤은, 내가 원하는 방향으로 잘 가고 있는지 점검할 시간을 갖도록 의도적으로 노력해야 한다. 그래야 내가 원하는 방향으로 한 걸음 한 걸음 나아갈 수 있다. 주니어 때에는 모든 근무시간이 다른 사람의 요구에 휘둘려서 보낼 확률이 높기 때문에, 이와 같은 시간을 따로 확보하는 것이 어려울 수 있다. 가능한 경우에는 업무 계획을 위한 시간을 확보해 보고, 현실적으로 가능하지 않을 경우에는 한 달에 한두 번 정도 저녁 시간이라도 할애해서 나의 업무 현황을 점검해 볼 필요가 있다. 물론 그보다는 아침에 조금 일찍 출근해서 조용한 혼자만의 시간을 갖는 것이 더 좋다. 주니어라도, '시키는 대로'만 일을 하기보다 나 스스로 '주도적으로' 업무를 해야 한다는 것을 잊지 말자.

(우선순위 정하기, 시간 관리하기 등에 대해서는 3장 참조.)

13

나에게 주는 성과 보상

우리는 이상하게 다른 사람에게는 관대하면서 스스로에게는 엄격할 때가 많다. 친한 친구에게 좋은 일이 생기면 우리는 달려가서 등을 토닥거리며 잘했다고 말해주고 싶을 것이다. 나에게도 그렇게 해주자.

나는 TV에서 짠돌이 짠순이로 유명한 사람들이 나오면 하나도 새롭지 않다. 어려서부터 부모님께 '아껴야 한다'는 교육을 많이 받았기 때문이다. 전쟁과 가난을 겪은 세대라 부모님은 단돈 한 푼 쓰지 못하셨고, 어려서부터 참고 인내해야 한다고 배웠다. 월터 미쉘이라는 심리학자는 그 유명한 마시멜로 실험을 통해, 먹고 싶은 것을 참고 기다릴 수 있었던 아이가 나중에 보니 성공할 확률이 높았다고 말하기도 했다. 그러나 내일을 위해 오늘은 계속 참아야 하는 것일까?

10년 후 미래를 계획한다고 해서, 현재를 모두 포기해야 한다는 것은 아니다. 현재가 모여 나의 인생을 형성하게 된다. 미래를 준비해야 하지만 20대인 오늘, 30대인 오늘, 40대, 50대인 오늘도 중요하다. 작은 성공을 했거나 결실을 맺은 부분이 있으면 오늘의 내가 즐거워할 일을 하나씩 하자.

일단 기록을 해놓자. 매일 아침 10분씩 하루, 1주일 또는 2주일을 계획할 때 구체적으로 어떤 일을 어디까지 할 것인지 일정에 적어놓는다. 이때 내가 기대하는 성과를 이루었는지 살펴보고 성과에 맞는 보상을 해야 한다고까지 적어 놓자. 나에게도 적절한 보상이 필요하다.

1년에 한 번, 한 달에 한 번, 그리고 성과가 있을 때마다 계획에 맞게 잘 가고 있는지 일지를 써보자. 계획을 수정할 경우도 생기고 계획에 맞게 도저히 안 되는 경우도 있겠지만, 미래와 계획을 생각해보는 것 자체가 소중한 시간이다. 특히 나에게 어떤 선물을 주었는지도 기록을 해 놓자. 그렇게 해야 미래를 향해 계속 밀고 나갈 수 있는 에너지가 생긴다.

내 미래의 주인이 되기 위해 고민하는 것은 쉬운 일이 아니다. 10년 후 어떤 모습을 원하는지 생각해 보는 것도 많은 에너지를 요구한다. 미래가 현실이 되도록 계획을 짜는 것은 정말 어려운 일이다. 그 계획 중 어떤 것이라도 실행에 옮겼다면 박수를 받을 일이다. 나를 녹화해서 내가 모르던 내 모습을 알았다면 대단한 큰 걸음을 내딛은 것이다. 나의 장점을 파악하고 단점을 고쳐 나가기 시작했다면 대부분의 사람들이 하지 못한 것을 이미 하고 있는 것이다. 혹시 열심히 준비해서 자신감을 갖고 누군가의 앞에 서서 발표를 하기 시작했다면 나에게 잘했다고 아낌없이 칭찬해 주어야 한다. 매일 아침 10분 동안 하루의 일정을 생각하고 1주일을 계획했다면 나는 이미 엄청나게 성실하게 살고 있는 것이다.

아직 실천하지는 못했지만, 지금까지 이 글을 읽고 나를 알아 가는 시간을 갖기 시작했다면 이 또한 정말 장하다고 나에게 말해주자. 지금까지 나를 이해하고 파악하기 위해 많은 생각을 했고, 고민을 했을 것이다. 내 미래의 주인이 되기 위해 계획을 짜고 오늘 할 일을 정했다면 이미 내가 원하는 미래를 맞이할 준비가 반은 된 것이다. 작은 성과에 대해 감시하게 생각하며 스스로를 다독여주자.

나를 파악하고 이해하는 사람이 생각보다 많지 않다. 대부분의 사람들은 본인에 대해 착각을 하면서 살아간다. 때로는 나를 모르는 것이 오히려 편리할 때도 있지만, 나를 이해하고 다른 사람의 시점으로도 나를 알게 되면 내게 맞지 않는 것에 대해 적절하게 No 할 수도 있게 된다.

10년 후 멋진 나의 모습을 생각하는 것도 중요하지만 오늘 나에게 소소한 기쁨과 성취감을 주는 것도 그만큼 중요하다. 10년을 한결같이 10년 후를 바라보며 참고 살 수 있는 사람은 많지 않다. 다이어트를 하다가도 유명한 연예인이 말하는 것처럼 '맛있으면 0칼로리'인 날이 있어야 한다. 10년을 1년 단위로 자르자. 1년을 월 단위로 또는 내가 성취하고자 하는 목표의 조각으로 나누자. 내가 단기적인 보상을 원하는 사람이면 1달을 더 짧게 나눌 수도 있다. 내가 원하는 미래, 10년 후를 계획하고 오늘을 살면서, 1년에 한 번, 1달에 한 번, 특정한 일을 성취했을 때 또 한 번, 내가 원하는 방향으로 잘 가고 있는지 점검하고 스스로를 칭찬해줄 시간을 갖도록 의도적으로 노력해야 한다.

나를 토닥토닥해주는 방법도 나에게 맞는 방법이 필요하다. 나는 어떤 방법으로 보람을 느끼는 사람인가? 어르신들은 안 먹고 안 쓰고 돈을 모아서 통장에 찍힌 숫자가 늘어나는 것이 보람이라고 말씀하시는 분들이 있다. 그런 기쁨이 있는 분들은 비싼 곳에서 밥 먹는 건 오히려 스트레스가 될 수도 있다. 평소에 만 원 넘어가는 밥값에는 벌벌 떨다 가도, 차는 비싼 차를 타야 하는 사람이 있다. 다른 데는 돈 안 써도 먹는 데는 아끼지 않는 사람도 있다. 사람들은 자신이 원하는 방식으로 기쁨을 느껴야 기쁘다. 맛집에 가는 것으로 즐거움을 찾는 사람도 있고, 여행을 좋아하는 사람도 있고, 구두에 기쁨을 느끼는 사람도 있고, 시계를 사고파는 것을 즐기는 사람도 있다. (회사에 택배가 왜 그렇게 많이 오는가 봤더니, 아내 모르게 남편 모르게 회사로 물건을 배송하는 사람이 의외로 많아서 깜짝 놀란 적이 있다.)

이 모든 소소한 기쁨을 죽기 직전으로 미루지 말자. 지금 이 순간도 중요하다. 엘리너 루스벨트가 말한 것과 같이, "Yesterday is history. Tomorrow is a mystery, but today is a gift! That is why it is called the present어제는 역사, 내일은 미스터리, 오늘은 선물." 영어에서 present

라는 단어는 '지금, 현재'라는 의미도 있지만, '선물'이라는 의미도 있다. '오늘은 선물'이기 때문이다. 그만큼 내일을 준비하면서도 오늘을 행복하게 사는 것도 중요한 이유이다.

잊지 말자. 내가 나를 알아가는 그 어려운 것을 내가 하루하루 해나가고 있다. 내 삶에 내가 주인이 되는 그 중요한 일을 하고 있는 중이다. 나에 대한 시점을 바꿔가는 그 힘든 일을 내가 하고 있는 것이다. 중간 중간 내가 원하는 방식으로 나에게 소소한 기쁨을 줄 만하지 않은가.

영어가 고민이라면

외국계 회사에서 필요한 영어 수준은?

외국계 기업에서 일하려면 영어를 어느 정도 해야 하는지… 이런 질문을 하는 사람이 많다.

모국어가 아닌 이상 영어에 대한 스트레스는 누구나 있다. 어렸을 때 외국에서 산 경우가 아니면, 아무리 열심히 영어를 해도 모국어 수준이 되지는 않는다는 것을 인정하게 된다. 다행히 모국어에 '근접한' 영어 실력은 가능한 것 같다. 사실 '어렸을 때'라는 것도 참 애매한 표현이다. 어떤 사람은 태어나서부터 한글과 영어를 함께 배우는 것이 가장 좋다는 말을 한다. 부모가 서로 다른 언어를 하는 경우가 아이의 언어 교육에는 이상적이겠지만 흔한 경우는 아니다. 한편, 초등학교 들어가기 전, 한글이 충분히 습득되기 전에 영어권에 가서 살게 된 아이들은 영어도 한글도 어딘가 부족한 느낌을 주기도 한다. 주변에서 보면 초등학교 저학년 시절에 1~2년 정도 영어권 문화에

노출된 사람들이 한국에 와서도 영어를 잃지 않고 잘 유지하는 것을 가장 많이 보았다.

애초에 외국인이 영어를 모국어처럼 하기를 기대하는 것은 말이 안 된다. 과도하게 굴리는 발음을 할 필요도 없다. 외국인이 외국인답게 영어를 해도 내용만 적절하게 표현하면 된다. 그렇다면 어느 정도 영어를 기대하는 것일까? 외국 사람과 컨퍼런스 콜 또는 대화를 한다고 했을 때, 아래와 같이 단순하게 수준을 구분할 수 있다.

1. 상대방의 말을 간신히 알아듣고 예/아니오 답을 할 수 있는 수준

2. 내가 하고 싶은 말을 한두 문장 할 수 있는 수준 (상대방의 인내가 필요하다)

3. 남이 하는 말에 끼어들어 말하거나 토를 달 수 있는 수준 (우리가 볼 때는 영어를 모국어처럼 하는 수준으로 보인다.)

4. 외국 사람들과 자유자재로 농담할 수 있는 수준 (이 정도가 실제로 영어가 모국어에 가까운 수준이라 할 수 있다.)

우리는 기본적으로 미국식 영어 교육을 받은 경우가 많아서, 그외 발음과 표현을 하는 사람을 만나면 알아듣는 것이 더 힘들어진다. 그런데 세상에는 미국이나 영국 외 다른 나라가 훨씬 많다. 실제 만나서 대화를 하면 표정이나 제스처로 좀 더 많은 정보를 알아차릴 수

있기 때문에, 전화로 하는 컨퍼런스 콜에서는 상대방을 파악하는 것이 더 힘들다. 그만큼 영어를 더 잘 알아들어야 대화가 가능해진다.

주로 한국 고객을 대상으로 서비스를 제공하는 외국계 기업에서 일하더라도 영어를 너무 안 하면 본인이 스트레스를 받게 되어 있다. 외국계 기업에서 일하면서 (외국 기업을 제외한) 한국 고객에만 집중하게 되면 위로 올라갈수록 성장에 한계를 느끼게 된다. (물론, 본인의 분야에서 탁월한 능력이 있고 한국 고객을 탁월하게 잘 설득할 수 있는 실력을 갖추고 있다면 1번 정도의 영어 수준으로도 잘 버티는 분도 있지만 이는 매우 예외적인 경우이다.) 다시 말해서 한국 내 외국계 기업에서 일할 때에도 2번 영어 수준 정도는 되어야 한다. 외국 동료와 영어로 컨퍼런스 콜을 할 경우가 많다면 3번 수준이 되어야 스트레스를 덜 받게 된다. 혹시 외국계 기업에서 한국 내에서의 로컬 역할local role이 아니라 여러 나라를 아우르는 리전 역할regional role을 하려면 3번이나 4번 정도 되는 수준의 영어가 요구된다.

흥미로운 것은, 2번 수준과 3번 수준인 사람들이 비슷하게 70~80% 영어를 알아듣는다고 말하는 경우가 많다. 2번 수준인 사람들은 본인의 영어 실력을 약간 과대평가 하는 경향이 있고, 3번 수준인 사람들은 본인의 영어 실력을 약간 과소평가 하는 경향이 있기 때문인 것 같다. 외국에서 근무하고자 하거나 외국계 기업에서 근무할 생각이 있다면, 본인의 영어 실력을 객관적으로 파악하고 필요한 만큼 향상시키는 것이 중요하다.

필요한 만큼 영어를 하려면?

영어는 일단 자신감이다. 본인이 영어를 못한다고 생각하고 영어가 필요한 회의는 무조건 피하는 고객이 있었다. 그 고객은 "전 영어가 필요한 업무는 무조건 피했어요"라고 하며 후회한다고 말했다. 영어를 피해 다니면 일단 '국제'나 '해외' 자가 들어간 업무는 할 수 없다. 다국적 기업에서 '국내' 업무만 하고자 하면 업무 범위가 제한될 수밖에 없다. 그러다가 영어가 필요한 업무를 하게 되면 영어 잘하는 팀원의 도움이 절대적으로 필요해진다. 팀장이 해야 할 보고를 영어 잘하는 팀원이 하게 되는 경우까지 생긴다. 결국 회사 입장에서는 팀장 한 명에 영어 잘하는 팀원 하나가 끼어 있어야 제대로 업무가 되는 1+1(원플러스원)의 상황이 되는 셈이다. 한편, 영어를 잘하면 본인의 실력보다 더 높이 올라가는 경우가 많다. 영어를 잘 했으면 인생이 달라졌을 거라고 생각하는 고객의 말을 반박하기 어려웠다.

일단 어느 정도 영어 실력을 키우는 것이 중요하다. 영어 실력을 키우기 위해서는,

1. 하루라도 일찍 시작한다. 나이가 들수록 새로운 언어를 받아들일 수 있는 머리가 굳는다. 그렇다고 나이 들면 못한다는 얘기는 아니다. 필요한 만큼 충분히 할 수 있다.
2. 내 수준에 맞는 영어를 공부한다. 1~10단계가 있다고 가정할

때, 내 수준이 5단계라면, 1~4단계를 공부할 때는 실력이 느는 것 같지 않고, 8~10단계를 공부할 때는 자괴감이 생긴다. 가급적이면 6~7단계 수준을 공부해야 재미가 붙어서 버틸 수 있게 되고 결국 영어를 잘하게 된다.

3. 영어 수준이 낮다고 해서 초등학생 동화책을 보는 사람들이 있는데, 우리처럼 영어를 외국어로 공부한 사람들에게는 동화책처럼 어려운 영어가 없다. 동화책의 문체를 회사에서 써먹을 수도 없고, '땡그랑' '와장창' '펑' 동화책에서 난무하는 의성어를 꼭 알아야 하는 것도 아니다.

4. 그렇다면 '내 수준을 어떻게 아느냐'가 문제이다. 무식한 방법이지만 중학교 영어 교과서에서 시작해 보면 알 수 있다. 더욱 무식한 방법이지만 가장 효과적인 방법은 Dictation받아쓰기 이다. 중학교 교과서를 1학년부터 한 문장 한 문장 듣고 받아쓰기를 한다면, 몇 개월 내에 놀랍게 실력이 향상한 나를 발견하게 된다. 더구나 받아쓰기를 한 다음, '들은 것을 그대로 따라 읽기'까지 한다면 더욱 완벽하다. 언어의 네 가지 영역(듣기 말하기 읽기 쓰기)을 모두 활용하는 데 가장 근접한 효과적인 방법으로 언어 습득을 할 수 있다. 이렇게 1학년부터 해 나가면, 어느 순간 받아쓰기가 확 어려워지는 수준이 있다. 만약 고 1 단계에서 막히는 느낌을 받았다면, 내 수준이 중3과 고1 사이라고 이해하면 된다.

5. 일반적인 소설책을 기준으로 생각해보자. 한 페이지에 모르는 단어가 2~3개 있다 하더라도 문맥으로 내용을 파악할 수 있는 수준이라면, 본인에게 맞는 수준이라고 볼 수 있다. 한 페이지에 모르는 단어가 10개 이상 되고, 단어를 찾아보기 전에는 문맥 파악이 안 된다면, 본인의 현재 실력보다 어려운 수준이라 쉽게 포기하게 된다.

6. 아무래도 책보다는 비디오가 접근하기는 더 쉽게 마련이다. 영화나 드라마를 본다면, 일반적으로 박진감 넘치는 영화보다는 잔잔한 드라마가 영어 공부하기에는 더 좋다. 액션 영화 등에는 의성어와 욕설이 난무하는 경우가 많고 말이 빠른 반면, 잔잔한 드라마는 액션 영화보다 말이 느린 편이고, 에피소드가 반복되므로 내용을 이해해 나갈 확률이 높다. BTS의 RM도 미국의 시트콤 〈프렌즈〉로 영어 공부를 했다는 것이 충분히 이해가 간다.

7. 기초 실력을 닦을 시간이 없는 경우에는 내 분야 (금융이건 컴퓨터건 엔지니어링이건) 관련 내용을 유튜브에서 찾아서 보는 방법이 있다. 자막도 나오기 때문에 마음만 먹으면 얼마든지 공부할 수 있다. 내가 잘 아는 분야일수록 내용 파악이 쉽다. 모르는 단어가 조금 있어도, (내 분야라서 당연히 공부해야 하므로) 좀 더 참을성 있게 공부해 나갈 수 있다. 혹시라도 다니는 회사에서 바로 써먹을 수 있는 내용이면 더욱 도움이 된다.

8. 고급진 영어로 향상시키려는 사람이라면 유명한 사람들의 연설문을 공부하면 좋다. 스티브 잡스, 오프라 윈프리, 여러 대통령 등의 연설은 고급지고 감동적인 문구로 가득 차 있다.

9. 외국어는 안타깝게도 우상향 직선으로 향상되지 않는다. 오히려 답답한 계단식이라고 하는데, 처음에는 아무것도 늘지 않는 것 같다가 (계단 바닥이 길다), 어느 순간 한 단계를 뛰게 된다. 매일 1~2시간씩 지속적으로 영어에 접하는 시간을 갖게 되면, 6개월 정도 지나면 레벨업 된 것을 느낄 수 있을 것이다. 여기에서 가장 중요한 것은 매일 지속적으로 영어와 접할 시간을 확보해야 한다는 것이다. 1~2시간을 꼭 책상에 앉아서 받아쓰기를 해야만 영어가 되는 것은 아니다. 영어 음악을 듣고 가사를 찾아보거나, 유튜브를 보고 자막을 찾아보거나 발음을 따라해 보는 것 모두 영어에 투입된 시간이라고 생각하면 된다.

다른 것은 몰라도 영어 공부하는 것은 감추지 말자. 회사에서도 업무에서도 어제 공부한 영어를 꼭 써먹어 보자. 우리 회사에는 정말 영어가 안 되는 데도 해외의 보스들이 왔을 때 분위기를 주도하는 분이 있었다. 물론 딱딱한 컨퍼런스 콜을 리드하기에는 어려움이 있었지만, 회식 자리는 분명히 리드할 수 있었다. 그분은 일단 본인이 아는 것을 몇 개 단어로 얘기할 수 있었다. 우선 나를 소개하는 몇 마디(나는 어떤 역할을 하는 누구입니다 My name is xxx. I am in charge of xxx team.)와 본인이 맡고 있는 업무 중에서 외국의 보스가 궁금해 할 내용 (올해의 매출 상황이 이렇습니다 My revenue will be xxx this year.) 또는 고객이 필요로 할 만한 내용 (이 부동산 자산은 서울에서 가깝고 좋은 위치이며 매입 가격이 합리적이기에 투자할 만한 충분한 이유가 있습니다 등 Cheap, Good location!) 에 대해 설명할 수 있었다. 이분을 영어 잘하는 사람으로 기억할 사람은 없겠지만, 본인의 업무와 시장을 잘 이해하고 매출을 일으킬 수 있는 능력이 있는 이분을 무시할 사람은 아무도 없었다.

영어에 대한 콤플렉스는 나이가 들수록 더 힘들어진다. 원래 외국어는 어릴수록 잘 흡수하고 젖어들 수 있는 능력이라, 나이가 들수록 새로운 언어의 습득이 어려워지는 것은 사실이다. 그러나 40대나 50대에 있는 분들도 영어의 끈을 지속적으로 놓지 않고 영어를 향상해 나아가는 분들이 있다. 영어도 언어이기 때문에 생활 속에 스며들고 젖어들도록 지속적으로 접하는 것이 가장 중요하다. 어떤 대기업의 회장님은 영어로 연설할 일이 많다 보니, 처음에는 영어로 쓰여진 연설문을 달달 외워서 떠듬떠듬 발표하는 것만 가능했는데, 나중에는 컨퍼런스 콜도 상당 부분 따라갈 수 있는 수준이 되었다. 늦은 나이에도 지속적으로 영어의 끈을 놓지 않았고, 본인의 분야에 관련된 영어 단어를 집중적으로 스터디하고, 본인이 말로 표현해야 할 때 사용할 수 있는 주요한 문장들만 익혀서 어느 정도 커뮤니케이션이 가능하게 된 것이다. 〈유 퀴즈 온 더 블록〉에 출연한 김영달 선생은 매일 영어책 100페이지를 읽는 방식으로 영어를 공부했고, 86세의 나이에도 늘 새로운 도전을 한다고 해서 모든 시청자를 놀라게 했다. 영어는 노력이 많이 필요하기는 하지만, 충분히 고칠 수 있는 콤플렉스이다. 완벽하게 극복하지는 못할 수 있지만, 영어라는 문제를 우회할 방법을 찾을 수는 있다. 내가 필요한 만큼만이라도 영어를 할 수 있도록 노력하면 된다.

내 실력이 어느 수준이건 자신감을 갖자. 내가 아는 것을 몇 개의 제한된 단어로 표현해도 내 분야에서 실력만 있다면 나를 무시할 사람은 아무도 없을 것이다. 영어까지 더 잘하게 된다면 글로벌한 세계에서 더욱 큰 빛을 발하게 될 것이다.

chapter 3

성장을 원한다면
다름을 인정하라

다양한 관계 속 타인에 대한 시점

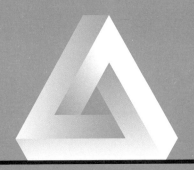

착각은 나의 힘

나는 평생 내가 AB형인 줄 알고 살았다. 초등학교 때 건강기록부에 적혀 있던 AB라는 글자를 그대로 믿었던 탓이다. 친구들은 나에게 "너는 누가 봐도 딱 AB형이야"라고 했었다. 그런데 나이 들어 수술을 하게 되었다. 이제는 무슨 검사만 하면 혹이 하나씩 발견되는 듯하여 건강검진 하기가 무섭다. 마취에서 깨어나 발밑을 보니, 커다랗게 적혀 있는 혈액형이 보였다. A형. 다른 사람의 차트와 바뀐 것 아니냐고 물어봤는데 A형이 맞단다. 내 혈액형은 A란다. 친구들에게 내 혈액형이 A라고 얘기했더니, "거봐 그럴 줄 알았어. 너 소심하잖아"라고 했다. 귀에 걸면 귀걸이, 코에 걸면 코걸이라더니….

덕분에 혈액형에 따른 성격을 그다지 신뢰하지 않게 되었지만, 나도 분명 소심한 부분이 있다. 지나가던 사람이 화를 내도 '내가 뭘 잘못했나?' 생각하던 시절이 있었다. 걱정도 팔자인 경우가 많았다. 신중한 편이고, 실수에 대한 두려움이 있다. 잘하고 싶고, 완벽하고 싶은 부분도 있다. 특히 남에게 싫은 소리를 잘 못한다. 어떤 부분에 있어서는 강박도 있다. 책상 위에 있는 모니터나 마우스패드가 조금이라도 비뚤어져 있으면 계속 줄을 맞추고 있는 나 자신을 발견한다.

미국에 가서 일을 하면, 한국에서 하던 일과 똑같은 일을 해도, 영어로 말해야 하는 것 때문에, 몸이 두 배로 피곤하다는 얘기를 들은 적이 있다. 소심한 사람은 외국에 가서 생활하는 것도 아닌데 남들보다 두 배로 스트레스를 받고 두 배로 피곤하게 산다. 스트레스를 받는 것만이 문제가 아니다. 스트레스 받고 있다는 것을 남들에게 보이고 싶지 않기 때문에, 스트레스 안 받는 척하는 노력이 추가된다. 스트레스 받고 있는데, 남들 신경도 써야 하고, 스트레스 안 받는 척 하려면, 삼중고를 겪게 된다. 소심한 사람만 힘들다.

그런데 그게 너무나 피곤한 일이었다. 신경 쓸 게 너무 많았다. 에너지가 많이 소모되었다. 다른 사람들에게 폐를 끼치지 않고, 나아가 좋은 인상을 남기기 위해 노력하다 보니 불필요하게 남의 눈치를 많이 본 시절도 있었다. 사전을 보니 눈치는 '다른 사람의 기분이나 상황을 빨리 알아차리는 능력'이라고 한다. 타고나기를 눈치가 빠른 사람이라면 다를지도 모르겠다. 나의 경우에는, 눈치를 보기 위해 불필요하게 많은 정보를 내 머릿속에서 처리해야 해서, 에너지 도둑이 따로 없었다.

"눈치 100단은 사람들과 친해지고 싶다기보다는 욕을 먹지 않고 싶은 욕망과 나를 부정적으로 생각하는 사람들이 없었으면 좋겠다는

바람을 가진 사람들이다"라고 한다.(《상처받을 용기》, 이승민)

눈치를 본다고 해서 상대방이 나를 더 좋아하게 되는 것도 아니고, 내가 상대방을 더 배려하게 되는 것도 아니다. 나는 열심히 눈치를 봤는데 상대방이 나를 좋아하지도 않는다니 이게 무슨 일인가? "입 안에 혀"처럼 구는, 남의 눈치를 잘 보는 사람을 좋아하는 경우도 있겠지만, 사람들이 눈치 빠른 사람을 늘 좋아하는 것도 아니다. 보이고 싶지 않은 속내를 들킨 듯해서 싫을 수도 있다. 상대방이 그냥 모르고 지나가 주었으면 하는 경우도 있게 마련이다.

더 큰 문제는 눈치 보는 나 자신도 눈치를 봐야 하는 상대와 함께 있는 것이 즐겁지 않다. 나를 좋게 보아 주었으면 하는 바람으로 함께 있는 것이 스트레스가 되기도 한다. 그러다 보니 에너지 소모가 너무 크고 실제 관계에 큰 도움이 되지도 않는다. 불편한 관계는 오래 가지 못하기 때문이다.

눈치를 보는 이유가 '상대방을 배려'한다기보다는 '나를 지키기 위해서'인 경우가 많다. 상대방이 나를 싫어하지 않기를 바라는 것이지, 상대방의 행복에 큰 관심이 있는 것도 아니다. 결국 내가 그리 좋아하지도 않는 사람이 날 싫어하지 않게 하기 위해서 상당히 많은 에너지를 소모하게 되는 것이다. 내게 그렇게 소중하지도 않은 사람을 위해 에너지를 소모하다 보니, 정작 나에게 소중한 사람에게 쓸 에너지가 없어진다. 별로 소중하지 않은 다른 사람과 비슷한 수준의 에너지를 쓸 만큼만 남아 있게 될 수도 있다. 내게 소중한 사람은 '내가 너에게 그 정도 밖에 안 되나?' 서운하게 될 수도 있다. 나에게 덜 소중한 사람들을 위해 과도한 노력을 하다가, 소중한 사람에게는 오히려 남과 별로 다르지 않은 에너지를 나눠주게 되는 것이다.

체력이 워낙 좋은 사람들은 아직 잘 모를 수 있다. 그러나 체력이 모자란 사람들은 본인의 체력이 100인데 늘 120, 150을 써야 할 때 어떤 일이 생기는지 잘 안다. 한 마디로 오래 못 간다. 나도 오래 못 가고, 다른 사람과의 관계도 오래 갈 수가 없다. 다른 사람도 나도 편해야 오래오래 관계를 유지할 수 있다. 함께 있는 것이 즐거우려면 서로 편해야 한다.

소심한 유형이 기억해야 할 것이 몇 가지 있다. 일단 시간이 흐르면 대부분의 사건이 기억조차 나지 않는다는 것. 지금 스트레스 받고 있는 이 일이 10년 후에도 기억날 일은 아닌 경우가 대부분이다. 어릴 때부터 불필요한 스트레스를 많이 받았지만, 어떤 이유 때문에 스트레스를 받았는지는 기억이 잘 나지 않는다. 망각은 축복이다. 나중에 기억도 나지 않을 일로 스트레스 받고 나의 하루를, 한 주를, 한 달을 망칠 필요는 없다.

《비폭력 대화》에서 마셜 로젠버그는 "다른 사람의 행동은 우리 느낌의 원인이 아니다"라고 한다. 친구가 점심 약속 시간보다 30분 늦게 왔을 때, 나는 화가 날 수 있다. 친구와 점심을 여유 있게 먹고 다음 미팅을 가려고 했는데 틀어졌기 때문이다. 한편, 내가 그 30분 동안 너무 급한 일을 끝낼 수 있었다면 친구가 늦게 와 준 것이 내심 기뺄 수도 있다. 결국 내가 화가 나거나 나지 않는 것이 친구 때문이라기보다는 내가 그 시간에 하고 싶은 것이 무엇이었는지에 따른 것이라고 볼 수 있다. 다시 말해서, 친구가 늦었기 때문에 내가 화가 난 것이 아닐 수도 있다. 나의 분노의 원인이 친구가 아닌데 친구 탓을 하는 것일 수 있다.

소심한 사람일수록 '내가 원하는 것'이 무엇인지, 내가 하고 싶은 것이 무엇인지, 잘 생각해 볼 필요가 있다. 지금 스트레스 받는 일이 혹은 지금 화나는 일이 10년 후에도 기억날 일인지 생각해보자. 10년 후에도 기억날 만큼 중요한 일이라면, 스트레스를 받더라도 잘하려고 노력할 만한 가치가 있다. 그렇지 않다면 과감하게 무시하고, 더 중요한 일에 시간을 쓰자.

가족을 제외하고는, 똑같은 일이나 사람 때문에 1년이고 10년이고 계속 스트레스를 받는 일은 거의 없다. 가족도 아닌 사람 때문에 지속적으로 스트레스를 받는다면 안 만나면 그만이다. 나를 위해 필요한 선택을 해야 한다. 만나면 유난히 기 빨리는 사람이 있다. 함께 대화를 진솔하게 해도 기분이 안 좋은 아우라가 있는 사람이 있다. 좋은 사람도 많은데 그런 사람을 계속 봐야 하는 것은 아니다. 우리에게는 선택권이 있다. 내 시간과 에너지를 내 인생에 더 즐거운 일에 쓰자.

모든 사람이 나를 좋아할 수는 없다. 애초에 다른 사람들은 나에게 별로 관심이 없다. 어떤 내성적인 사람이 카드 영업을 하기 위해

왼쪽에 갈색 구두, 오른쪽엔 검정 구두를 신어 보았는데, 사람들은 자신이 생각하는 것처럼 자신에게 그다지 관심이 없다는 것을 알게 되었다고 한다. (《나는 알바로 세상을 배웠다》, 황해수) 사람들은 나에게 그만큼 관심이 있는 것도 아닌데 필요 이상으로 남을 의식할 필요가 없다는 의미이다.

그래서 나는 어느 순간 결심했다. 눈치를 보는 대신, 무조건 상대방이 나를 좋게 본다고 착각하기로. 모든 사람이 나를 좋아할 수는 없으니, '그냥 날 좋아하겠지…' 생각하면 된다.

예를 들자면 이런 식이다. 보스가 꼭 짚어서 나에게 회의록을 작성하라고 시켰다고 해보자. 과거 내 머릿속의 생각의 흐름은 '왜 나에게만 이런 일이?'에서 끝나지 않았다. 갑자기 '저 인간은 왜 나를 싫어하지?' '오늘 무슨 일 있었나?' 등과 같이 보스의 눈치를 살폈다. 소심한 나는 내가 뭘 잘못했는지 찾기 시작했다. '내가 회의에 집중을 안 한 것처럼 보였나?' '내가 지난번 회의에서 할 일을 안 했나?' 이런 생각을 하는데 많은 에너지를 쓰다 보면, 정작 해야 할 일인 '회의록 작성'을 제대로 하지 못할 수 있다.

사실 보스는 별생각 없이 나에게 회의록 작성을 시켰을 수 있다. 모든 업무 지시를 미리 계획하고 엄청난 의미를 담아서 일을 시키는 보스는 별로 없다. 결국 별생각 없이 발생한 사건에 대해 나 혼자 엄청나게 두뇌 회전을 하면서 에너지 소모를 하고 있었던 것이다. 그렇다고 해서 내가 회의록을 작성하지 않아도 되는 것은 아니다. 결국 회의록은 작성해야 하는데, 그 전에 원인과 이유와 상황에 대해 나 혼자 지나치게 생각하고 고민하고 지쳐 쓰러진다면 너무 허무하지 않은가?

그래서 난 단순하게 생각하기로 했다. '보스는 날 좋아한다. 보스는 내가 회의록을 작성하여 회의에 대해 잘 이해하기를 바란다. 보스는 내가 잘 성장하도록 도움을 주려 한다…' 이런 식으로 단순하게 생각하고, 더 이상 의미를 두지 않고, 회의록 작성에 집중하는 것이다.

처음에는 이런 식으로 생각하는 것이 잘 되지 않았다. 그러나 지속적으로 나의 시점을 바꿔가다 보니 점점 적응이 되어 갔다. 내가 만든 착각이 소심한 나에게 엄청나게 도움이 된다는 것을 깨달았다. 내가 어이없게 착각한 경우도 많았겠지만 상관없다. 상대방이 나를 좋아한다고, 잘 되기를 바란다고 믿으니, 마음이 즐거워졌다. 내 표정에서도 이런 사고방식이 드러났을 것이다. 긍정적으로 보이고 자신감 있어 보였을 것이다.

보스건 동료건 고객이건 나에 대해 관심 있는 사람은 많지 않다. 날 싫어하고 내가 잘못되기를 바라면서 에너지를 많이 쓸 만큼 애증이 있지도 않다. 대부분 본인에게만 관심이 있다. 다른 사람이 나에 대해 별 관심도 없는데, 나 혼자 '다른 사람이 나를 싫어하나? 나에게 화났나?' 등 생각하느라 에너지를 쓸 필요가 없다. 회사에서는 어차피 내가 필요하니까 나를 뽑았을 텐데, 나를 괜히 싫어하고 내가 잘못하기를 바랄 이유가 하나도 없다.

감정 소모는 나의 업무 효율을 떨어뜨린다. 차라리 그 시간에 업무에 초점을 두고 빨리 끝내는 편이 낫다. 나에게 행복을 주는 일에 시간을 쓰고 싶다. 내게 소중한 사람들에게 관심을 갖고, 함께 즐거운 시간을 보내는 데 더 에너지를 쓰고 싶다. 그게 나의 건강을 위해 좋다.

사람들에게 "그때 그 상황을 남들은 어떻게 생각했을까?" 질문을 하면, 주변인들의 감정이나 상황에 대해 세세하게 말하는 사람이 많다고 한다. 막상 본인의 느낌에 대해서는 대답을 못 할 때가 많다고 한다. (《상처받을 용기》, 이승민) 다른 사람의 감정과 상황을 살피다가, 정작 나의 감정이나 느낌은 살피지 못하는 경우가 많다는 의미인 듯하다.

남의 눈치를 덜 보려고 노력하다 보니, 놀랍게도 나는 눈치 없는 사람이 되었다. 가끔 눈치 없다는 소리를 들으면 피식 웃음이 난다. 이런 것도 고쳐지는구나….

혹시 나를 불편하게 하는 상대방이 미워지면, 기억해야 할 것이 있다. 그 사람도 나처럼 소심할 수도 있다. 그 사람도 나처럼 하고 싶은 것이 있고, 다른 사람에게 인정받고 싶은 사람일 수도 있다. 두려움과 불안함이 가득할 수도 있다. 나도 다른 사람에게는 하나도 소심하지 않은 눈치 없는 사람으로 보일 수도 있다.

다른 사람은 나와 다를 수 있다는 것을 인정하자. 그리고 무조건 다른 사람이 나를 좋아한다고 착각하자. 주변 사람들이 내가 잘 되기만을 바란다고 믿어 보자. 나의 에너지 소모가 반으로 줄 것이다. 나의 정신 건강에도 큰 힘이 된다. 내가 다른 사람을 대하는 반응도 편안하고 긍정적이 될 것이다. 내게 남는 에너지를 소중한 사람에게 쓸 만큼 여유가 생길 것이다.

: 2 :

타인의 시점은 어떻게 다를까?

가끔 무인도에 가서 혼자 살고 싶을 때가 있다. 괴롭히는 보스도 없고 짜증나는 동료도 없고 답답한 팀원도 없는 곳… 아쉽게도 이 세상은 (재난 영화에 나오는 상황이 현실이 되지 않는 한) 나 혼자 숨어서 살 수 있는 곳이 아니다. 특히 회사라는 공간은 다른 사람과 공존할 수밖에 없는 곳이다. 기왕에 다른 사람과 함께 살아가야 한다면 다른 사람의 시점을 이해하고 '함께' 잘 살아보자.

나는 어이없게도 '수건 도둑'으로 오해 받은 적이 있다. 우리나라에서는 예전에 무슨 행사를 가면 수건을 선물로 주는 일이 많았다. 그러다 보니 'OO 동창회 기념' 'OOO님 고희 축하' 'OO 은행' 등 글자가 써 있는 수건이 많았다. 처음 미국에 갔을 때 각종 글씨가 써 있는 수건을 들고 갔는데, 미국의 친구들이 내 방에 놀러 와서는 "이 수건 호텔에서 갖고 온 거야?"라고 말했다. 무슨 소리인지 이해가 잘 안 갔는데 알고 보니, 미국 사람들은 수건을 모두 사서 쓰기 때문에 특별한 글씨가 써 있지 않았다 (○○ 기념으로 수건을 사은품으로 주는 일이 없다고 한다). 글씨가 써 있는 수건은 호텔 수건뿐이란다. 따라서 내 수건이 모두 호텔에서 갖고 (훔쳐?) 온 수건으로 오해를 받은 것이다. 그런 오해를 받다니… '일종의 인종 차별인가?' 생각도 들었지만, 평범한 수건을 그렇게 다르게 볼 수 있다니 정말 깜짝 놀랐다. 살아온 환경이 다르면 평범한 수건도 이렇게 다른 관점으로 볼 수 있다.

외국 사람이어서가 아니다. 같은 나라, 같은 집에서 태어나서 자라도 다르게 마련이다. 형제자매끼리도 얼마나 성격이 다른가? "같은 공장에서 만들었는데 (같은 부모에게서 태어났는데) 이렇게 제품이 다를 수가 있나" 농담을 하기도 한다. 그런데 회사에 모인 각양각색의 사람들이 똑같이 생각할 것으로 기대하는 것 자체가 무리다. 다르게 생각하는 게 당연하고, 다르게 생각해야 서로 다른 아이디어를 생각해 낼 수 있다. 동일한 사건에 대해 모두가 같은 생각을 한다면 여러 사람이 있을 필요가 없다. 맞장구를 치기 위해 팀원이 필요한 것이 아니다. 다양한 의견이 없다면 팀 회의를 할 이유도 없다.

물론 다른 사람을 이해하는 것은 어려운 일이다. 나 스스로를 알아가는 것도 어려운데 다른 사람을 알아간다는 것은 얼마나 어려운 일인가. 살짝 이해가 안 가는 사람들도 있고, 죽었다 깨어나도 이해가 안 가는 사람들도 많다. 그래서 요즘은 심리학 공부가 인기인 모양이다. 우리 회사에 있던 어떤 고지식한 친구는 머리 스타일이 바뀐 동료에게 다른 직원들이 "10년은 젊어 보인다"고 말하는 것을 이해하기 어려워했다. "10년이나~요?" 그 고지식한 친구는 머리 스타일이 바뀐 동료가 딱 두 살 정도 어려 보인다고 말하고 싶었던 것 같다. 어떤 고객은 성격이 지나치게 까칠해서 함께 일하기 힘들었다. 예상 못한 작은 일에 얼굴이 시뻘게져서 불같이 화내고 소리 지르곤 했다. 처음엔 갑을 관계여서, 내가 '을'사에 소속되어 있어서 그런가 했더니 그것도 아니었다. 고객의 같은 회사 동료에게도 똑같이 어이없게 소리를 지르곤 하니, 오히려 다른 고객사 분들과 우리 팀이 함께 고통을 공유하는 끈끈한 사이가 되어 버리는 기이한 현상이 벌어졌다. 이제는 아무도 함께 일하고 싶어 하지 않는 그분이 젊었을 때는 회사에서 손꼽히는 명문대 출신의 미래가 촉망되던 분이었다는 뒷담화를 듣고 깜짝 놀란 적이 있다.

나는 고사하고 우리 팀원이 그 고객 때문에 받는 불필요한 스트레스로, 고객사와의 계약을 깨야 하나 몇 번이나 고민을 했었다. 그런데 어느 날 이 고객도 누군가의 아버지일 뿐 아니라 고3인 딸의 커리어를 걱정하는 너무나도 평범한 아버지라는 것을 알게 되었다. 전교 1, 2등을 다툰다는 딸 자랑을 할 때 보니, 이분도 누군가에게는 소중한 아버지일 수도 있겠구나 싶은 생각이 들었다. 그 이후부터 고3딸에 대한 애기도 물어보고 요즘 고3 자녀를 둔 다른 분들 애기를 함께 나누었더니, 회의 분위기가 전과 다르게 부드러워졌다. 알고 보면 세상에 속사정 없는 사람은 없다더니, 이분에게도 인간적인 면이 있었다. 물론 이분을 충분히 이해하게 되었다고 말하기는 어렵다. 다행히(?)

그분이 다른 역할로 이동하게 되어, 나의 팀은 그 고객사와의 계약을 깰 필요가 없어졌고 나의 팀은 고객사 동료들과 함께 안도의 숨을 내쉴 수 있었다.

그분이 본인의 시점을 바꿔서 다른 사람의 입장을 조금만 더 이해했다면 그 좋은 머리로 얼마나 훌륭한 커리어를 구축할 수 있었을까? 본인만 똑똑하다고 생각하기보다 다른 사람도 똑똑하다고 생각하면 다른 사람의 말에 훨씬 더 귀 기울이지 않았을까. 나에게 내가 소중하듯이 다른 사람에게는 자신이 소중하다는 것을 조금만 더 이해했다면 다른 사람과 함께 일하는 회사 생활이 훨씬 더 즐겁지 않았을까. 내가 옳다고 믿는 것을 다른 사람은 다른 시점으로 보는 경우도 많다. 그렇다고 해서 다른 사람은 틀렸고 내가 옳은 것일까? 내가 볼 때는 다른 사람이 '틀린' 경우일지 모르지만, 객관적으로 볼 때는 다른 사람이 그저 '다른' 경우가 더 많다.

내가 다른 사람과 다를 권리가 있듯이, 다른 사람도 나와 다를 권리가 있다. 내가 타인에게 기대치가 있듯이, 타인도 내게 기대치가 있다. 내가 "보스 바꿔주세요"라고 말하고 싶다면, 그 보스는 '팀원 좀 바꿔주세요.' 하고 싶지 않을까? 내가 "저 동료와 일하기 싫어요"라고 할 때, 그 동료는 나와 일하고 싶어 할까?

다른 사람의 입장에서 생각을 한다는 것은 결코 쉬운 일이 아니다. 그러나 잊지 말자. 내가 다른 사람과 다를 권리가 있듯이, 다른 사람도 나와 다를 권리가 있다. 타인의 시점은 틀리다기보다는 다르다.

나의 시점을 알아가는 동시에 타인의 시점도 이해해보자. 다른 사람의 다름을 인정하면 함께 살아가는 우리는 더 큰 시너지를 낼 수 있다. 나는 어떤 사람과 함께 일하고 싶은가? 타인도 나와 함께 일하고 싶어 할까? 내가 '함께 일하기 좋은 사람'과 일하고 싶은 것처럼, 나도 '함께 일하고 싶은 사람'이 되어주자.

: 3 :

회사에서 아무도 말해주지 않는
직급별 기대치

"XXX가 승진했대!" 사람들이 말할 때 반응은 세 가지로 나뉜다.

"그 사람은 승진할 줄 알았어."

"그 사람이 어떻게 승진을 했지?"

"그 사람이 승진했는데 나는 왜 못했지?"

"직급이 깡패" 요즘도 회사에서 많이 듣는 얘기다. 직급에 따른 횡포도 있을 수 있고, 직급이 낮으면 밀린다는 의미일 수도 있고, 직급이 있어야 대외적으로 위상이 선다는 의미로 해석될 수도 있다.

회사에 들어가면 직급에 따른 서열이 발생한다. 요즘은 직급을 없애는 회사도 많지만, 직급의 개념이 완전히 없어지는 것은 아닌 듯하다. "저희는 직급 대신 ~님이라고 부릅니다"라고 하지만, "다른 회사 기준으로 보면 어떤 역할을 하시는지요?"라고 물으면 대부분 "~ 팀장 급이라고 볼 수 있습니다." 이런 얘기가 바로 나온다. 그러면 그때부터 바로 'XXX 팀장님'이라는 호칭으로 부르게 된다. 결국 대외적으로는 직급의 개념이 없다기보다는 무늬만 직급을 없앤 느낌이다.

대부분의 사람들은 직급이 높아지면 할 수 있는 것이 더 많아질 것이라고 말한다. 특히 대리는 "과장 직급은 되어야 고객을 대응할 때 좀 더 힘이 실릴 것 같습니다"라고 말하고, 과장은 "차장은 되어야 고객한테 휘둘리지 않을 것 같습니다" 등의 얘기를 한다. 슬프지만, 임원이 되어도 고객한테 휘둘린다. 일부 고객은 본인보다 낮은 직급의 담당자와 업무를 진행하면 '무시 당했다'고 생각하거나 격이 떨어진다고 생각하기도 해서 이런 얘기가 계속 나오는 듯하다.

직급이 있는 이유는 무엇일까? 직급별 기대치는 어떻게 다를까? 어떤 회사도 직급별 역할을 공식적으로 구분해서 친절하게 알려주는 곳은 없다. 직무에 대한 구분이 있을 때도 있지만 하루하루 회사 생활을 하는 데 있어서 어떤 마음가짐으로 업무에 임해야 하는지 알려주는 것은 아니다. 한 마디로 회사의 기대치는 개인이 예상한 것과는 다르다. 개인은 직급이 높아지면 권리가 더 많아진다고 생각하지만, 회사에서는 직급이 높아지면 책임을 더 많이 줄 수 있다고 생각한다. 이는 굉장히 큰 차이다. 그 기대치에 따라 나의 시점은 어떻게 바뀌어야 할까?

신입사원 먼저 신입사원의 경우를 보자. 신입사원에 대한 기대치는 매우 단순하다. 한마디로 긍정적이고 적극적이면 된다. "열심히 하겠습니다!" 한 마디면 된다. 배울 준비가 되어 있으면 긍정적으로 보이고, 해본 적이 없는 일이라도 해 보겠다고 하면 적극적으로 보인다. 아이러니하게도 신입사원일 때가 가장 의심이 많을 때이기도 하다. '이 일을 왜 내가 해야 하는 거지?' '왜 나에게만 이런 일이?' 뿐만 아니라 부당하게 느껴지는 일이 가장 많을 때이기도 하다. 허드렛일만 시키는 것 같고, 배우는 것은 없는 것 같고, 내가 이런 일하려고 지금까지 공부했나 싶기도 하고… (나도 대학 갓 졸업했을 때 그런 느낌이었다.) 그러나 이런 생각에 점점 빠져들게 되면 내 하루의 반 이상을 차지하는 회사 생활이 억울한 시간으로 가득 차게 된다. 이때 한 가지만 바꾸면 회사 생활이 갑자기 흥미로운 시간이 될 수 있다. '내가 보스라면?' 내가 사원이 아니고 대리나 과장이라면 지금 이 업무를 어떻게 처리할까? 내 역할을 한두 단계 위 직급으로 가정하고 업무를 해보자. 많은 것이 다르게 보일 것이다. 나의 시점을 바꾼 것뿐인데, 사람들은 내게 적극적이고 긍정적이라는 평가를 하게 될 것이다.

대리 대리는 누가 뭐라 해도 신입사원 시기를 성공적으로 보낸 사람들이다. 이제 매니저 역할을 맛보기 시작하는 시기라고 생각하면 된다. 회사 생활을 1~4년 정도 해본 경력이 있어서, 본인이 하던 일에 대해서는 어느 정도 감이 오기 시작한다. 회사 입장에서는 가장 일을 '막' 시키기 좋은 시기이고, 개인의 입장에서는 가장 미래를 준비해야 하는 시기이기도 하다. 아무도 가르쳐 주지 않는 것 같고, 나 혼자 일 다하는 것 같고, 나를 키워주지는 않는 것 같은 기분이 들 때 가 있을 것이다. 대리 때부터는 그 업계에서 성장성이 있을지 판단이 되기 시작한다. 해당업계에서 부장, 이사까지 되려면 어떤 소양이 필 요한가? 인맥이나 영업력은 모든 업종에서 필요한 능력이므로 당연 히 관심을 가져야 하겠지만, 이 시기에는 해당 업계에서 필요한 구체 적인 업무 지식을 쌓는데 노력해야 한다. 업종에 따라서 전기, 기계 등 특정한 기술일 수도 있고, 관리 자산에 대한 지식일 수도 있고, 영 어일 수도 있고, 엑셀 파워포인트 등 보고서를 잘 만드는 능력이 필 요할 수도 있다. 해당 업계에서 성장하는 것이 나의 장기적인 목표라 면, 같은 업계의 윗사람들이 갖고 있는 기본적인 실력을 갖추기 위해 '지금' 노력해야 한다. 회사에서 대리 급에게 기대하는 것도 단순하 다. 그 업계, 회사에서 뼈를 묻고자 하는 사람을 키우고 싶어 한다. 업 계에 대한 열정이 있다면 기초 체력을 닦는데 초점을 두자.

과장 과장은 영어로도 엄연한 매니저다. 회사에 따라 과장이 어 마어마한 영향력을 미칠 수 있는 곳도 많고, 사원 대리와 별 차이 없 는 역할을 하는 경우도 많다. 그건 상관없다. 과장은 어느 정도 내가 내 역할을 정의할 수 있는 직급이다. 과장은 업무 역량이 가장 탄탄 해야 하는 때이면서 리더의 대열에 들어가기 시작할 때다. 회사에서 는 과장에게 많은 것을 기대하기 시작한다. 개인의 역량에 따라 주니어 때 하던 역할을 그대로 수행해주기를 기대할 수도 있고 (서글프지만 개인의 역량이 부족할 때), 리더의 자질을 보이는 과장에게는 영업이나 주도적인 업무 진행을 기대하기도 한다. 한편 개인의 입장에서는 아직 주니어를 벗어난 지 얼마 안 되어 갑작스러운 회사의 기대치가 낯설기만 한 시기이다. 업계에 따라서는 회사 이동도 고려하게 되는 때이다. 이때 신속하게 매니저의 시점으로 전환하는 것이 포인트다. 더 이상 나를 주니어라고 생각하지 말자. 스스로 더 많은 책임을 맡고 주도적으로 업무를 수행하면서 본인의 강점이 드러나도록 해야 한다. 그렇게 나의 역량을 키워가야 다른 회사로 이동을 하더라도 잘 해낼 수 있게 된다. 특히 스스로 판단하는 능력을 키워가야 한다. 이제 곧 아무도 가르쳐주지 않는 시기에 돌입한다.

차장 차장은 위로 치이고 아래로도 치이는 시기이다. 회사에서 차장 정도면 업무 능력을 갖추고 영업에 뛰어들며, 직원 관리까지 해야 하는 역할로 기대된다. 차장 급과 얘기를 하다 보면, "윗 사람도 챙겨야 하고, 아랫사람도 챙겨야 하고… 그런데 우리는 누가 챙겨주나요?"라는 말을 할 때가 있다. 그만큼 회사에서의 기대치는 큰 반면, 본인은 어디 가서도 하소연할 곳이 없는 시기이다. 해당 업계에서 갖추어야 할 업무 능력을 모두 갖추었다고 가정할 때, 이제는 부장이나 임원들이 어떤 고민을 하는지, '내가 부장이라면' 어떻게 할 수 있는지 나의 시점을 옮겨봐야 한다. 인성, 영업력, 조직 관리 등 세 가지

중에서 내가 어떤 부분에 강점이 있는지, 어떤 부분이 약한지 알고 있어야 한다. 약점보다 강점이 더 많이 보이도록 자신을 드러낼 때다. 특히 영업력이 강한 경우 커리어 성장에 큰 도움이 된다.

부장 부장은 임원이 되기 직전의 가장 높은 지위이다. 부장까지 된 사람들은 대부분 특정한 강점이 있거나 해당 업계에서 오래 일했기 때문에 업계에 대한 지식이 많은 편이다. 현실적으로 임원이 될 수 있는 사람과 그렇지 않은 사람으로 나뉜다. 또한 개인적으로 영업력이 있어 성과를 내는 사람이거나 조직 관리를 잘하는 사람으로 나뉜다. 업계에 따라 이 정도 레벨에서는 회사를 옮기기가 쉽지 않을 수도 있다. 그만큼 해당 분야에서 전문성을 갖추었기 때문에, 새롭게 다른 업무를 시작하기가 쉽지 않은 레벨이다. 부장 급에서는 업무 수행 능력과 영업력을 어느 정도 갖추어야 본인의 역할을 할 수 있다. 혹시라도 업무 수행 능력이 부족한데 부장이 된 경우라면 다른 직원들의 무시를 받기 쉽고, 영업이 안 될 경우에는 윗사람의 팀관리를 대신해 주는 경우라야 살아남을 수 있다.

물론 회사마다 직급별 기대치는 다를 수 있다. 직급별 기대치가 달라진다고 해서 승진을 두려워 할 필요는 없다. 나잇값을 하고 싶지 않아도 어른이 되면 어른 노릇을 해야 하는 것처럼, 회사에서는 어쩔 수 없이 직급에 따른 역할을 해 주어야 한다.

회사에서는 업무 수행 능력 (필요한 업무를 완수할 수 있는 능력. 분석,

보고, 제안 등 업계에서 필요로 하는 지식, 전공, 기술 등 능력), **영업력** (회사에 돈을 벌어주는 능력. 수주를 따오거나 고객을 확보하는 등의 능력), **조직 관리 능력** (혼자 개인으로 회사에 기여하기보다, 팀원들에게 동기부여를 하고 팀원들의 역량을 끌어올려서 성과의 시너지를 내는 능력), **인성** (대인 관계 및 인간성, 특히 요즘 회사에서 문제가 되는 갑질, 직장 내 괴롭힘, 성희롱 등의 이슈가 없는 품성) 등의 능력을 기대한다. 직원들이 매해 지속적으로 변화해 주기를 기대한다.

회사 내 역할이 바뀌면 책임이 늘고, 책임이 늘수록 더 많은 역량을 보여줘야 하지만, '내가 잘 하고 있는 줄 알았는데, 역할이 바뀌니 무능력해 보인다'고 느껴질 때가 있다. 역할이 바뀌면 회사의 기대치가 달라진다는 것을 인지하면 내가 원하는 레벨로 나를 끌어올릴 수 있게 된다. 특히 사원 대리 때 장기적으로 필요한 업무 수행 능력을 갖추도록 노력하고, 과장 차장 급에서는 영업력과 조직 관리 능력을 갖추게 될 경우 업계에서 촉망받는 커리어를 가져갈 수 있다.

결국 회사에서 '성장성 있는 사람'이 되는 비결은 단순하다. 나보다 윗사람의 시점을 이해하고 내가 그 역할을 하게 될 때 어떤 판단을 할지 미리 생각해 보는 것이다. 사원일 때는 대리의 시점으로, 대리일 때는 과장의 시점으로, 과장일 때는 차장의 시점으로, 차장일 때는 부장의 시점으로, 부장일 때는 이사의 시점으로 업무를 보자. 내 시점만 바꾸었는데 내 업무 스타일이 바뀌고, 사람들이 나를 보는 시선도 달라질 것이다.

: 4 :

임원이 되었을 때 달라지는 시점

임원이 되면 뭐가 달라질까?

직원들 입장에서 임원은 오징어, 즉 씹고 싶은 대상이 된다. 어깨에 뽕 들어간 사람, 팀원들을 뼈 빠지게 일시키고 사무실 밖으로 돌며 시간을 때우는 사람, 놀고먹는 사람, 잘못되면 직원 탓, 잘되면 본인의 공으로 가져가는 사람, 연말에 산정되는 보너스에만 관심 있는 사람, 윗사람들한테 잘 보이는 데에만 능한 사람… 도대체 제대로 된 의사 결정을 하지 못하는 사람 같기도 하다.

한 마디로 임원이 좋은 소리 듣기는 쉽지 않다. 임원이 회의에서 팀원들의 의견을 묻고 존중하고자 노력하면, "우유부단하다" "의사 결정을 빨리 내리지 않는다"는 불평을 들을 수 있다. 임원이 팀원들의 의견을 묻지 않고 단호하고 신속하게 의사결정을 내리면, "독단적이다"라는 피드백이 튀어나온다. 대인관계가 좋아서 임원이 된 사람에게는 "저 사람은 정치적이야"라는 말이 따라다닌다.

일단 임원이 되면 가장 많이 듣는 말이, 임원은 '임시 직원'의 약 자라는 사실이다. 그만큼 임원이 오랫동안 자리를 지키기 쉽지 않기 때문일 것이다. 처음에 이사가 되면 부장이 되었을 때와 또 다른 성 취감, '내가 회사 생활을 잘해온 모양이다' 생각이 들 수 있다. 그러 나 그 기쁨도 잠시, 임원이 되면 사람들의 기대치가 훨씬 높다는 것 을 느끼게 된다. 이사가 될 때 다르고, 상무, 전무가 될 때 매번 또 다 른 기대치를 맞닥뜨리게 된다. 임원이 되면 특권만 많고 살기가 편할 것 같지만, 더 이상 변화하지 않아도 될 것 같지만, 여전히 성장해야 한다. 나이 들어 변화하려니 더 힘들다. 임원이라고 해서 '이제 할 만 큼 다했다' 가 아니다. 임원이 되면 영업력과 조직관리 능력, 특히 인 성이 새롭게 다시 도마 위에 오르게 된다. 사람들의 시선은 더욱 비 판적이 된다.

애초에 누가 임원이 되는 것일까? 임원이 되었다는 얘기는 회사 에서 어느 정도 인정을 받았다는 얘기이다. 한 마디로, 회사에서 추구 하는 방향(전략과 목표 등)과 함께 가는 사람이 임원이 된다. 회사의 방 향을 공감하는 사람 중에서도 임원이 되는 경우는 두 가지 부류이다. 기본적인 업무 수행 능력, 영업력, 조직 관리 능력, 인성을 골고루 갖 추고 있어서 특별히 크게 흠 잡을 부분이 없는 경우 또는 어느 한 분 야에서 (대부분 성과나 실적) 특출한 능력을 갖추고 있어서 다른 역량은 무시해도 되는(?) 경우이다. 물론 예외적으로 이도 저도 아닌 사람인데 윗사람의 부족한 부분을 오묘하게 메꿔 주는 사람이 임원이 되기도 한다.(이 부류의 임원들이 가장 심하게 잘근잘근 씹히는 술자리의 오징어가 된다.)

오너가 아닌 이상 임원은 언젠가 회사를 떠나게 되는데, 임원이 회사를 떠나게 되는 이유도 두 가지이다. 임원이 회사가 기대하는 성장을 가져오지 않을 때, 또는 실적이 좋아도 인성에 심각한 문제가 제기될 때이다. (혹시 인성이 문제가 되어도 임원이 날아 가지 않는 회사에 다니고 있다면, 빨리 다른 회사를 알아보는 것이 좋다. 그런 회사는 오래 다닐 가치가 없기 때문이다.)

결국 임원에 대한 회사와 직원들의 기대치는 매우 높다. 팀을 잘 관리해서 직원들에게 지속적인 동기부여가 될 수 있도록 해야 하고, 동시에 회사의 성과를 높여야 한다. 대외적으로 자주 회사를 대표하는 얼굴이 되어야 하고, 내부적으로는 직원들의 모범이 되어야 한다. 고객과의 미팅에 늦거나, 준비 없이 고객 미팅을 하거나, 말끔하지 못한 모습으로 고객을 만나면, 직원들도 그래도 되는 줄 알게 된다. 임원이 갑질을 일삼으면 직원들은 중간에서 샌드위치가 되거나 함께 갑질을 당연시 하게 된다. 결국 임원이 회사의 분위기를 결정하게 되는 경우가 많다. 여기까지 말하는 데에 이미 숨이 찰 정도인데, 장기적으로 사장/대표직의 물망에 오르려면 회사의 미래를 책임질 수 있는 역량을 갖추었다고 생각되어야 한다.

임원이 되면 시점이 안 바뀌려 해도 안 바뀔 수가 없다. 일단 생각할 것이 많아진다. 고려할 일이 천 배는 많아진다. 저녁 시간이나 주말에 업무상 이유로 직원들에게 연락해서는 안 되지만 임원 스스로에게는 주말도 없고 새벽도 없다. 해외에 있는 보스들도 새벽이건 밤이건 상관없이 연락을 해 온다. 누가 누가 더 늦게까지 일하나 줄다리기 하는 것 같다. 실적을 관리하지 않으면 쉽게 목이 날아 가고, 직원 관리가 안 되면 바로 '리더십 부재'로 이어진다. 내부적으로 회사의 비전과 전략에 따라 최소한 5개년 계획을 세워야 하고, 이를 해외 또는 본사의 보스에게 설득력 있게 보고해야 할 뿐 아니라, 직원들의 마음을 모아 함께 그 방향으로 갈 수 있도록 해야 한다.

요즘에는 컴플라이언스 (준법감시) 및 인성이 훨씬 중요해지고, 직원들이 따르고 싶어 하는 리더가 되어야 한다. 잘못 구설수에 오르면 인성이 의심되기 쉬우니, 점점 말조심을 하는 재미없는 사람이 될 수밖에 없다.

나에 대한 소문은 나만 모를 때가 많지만, 혹시라도 이런 소문을 알게 되면 기분 나빠 하지 말고 '왜 그런 피드백을 받았는지' 생각해 볼 필요가 있다. 팀원들이 입을 모아 "의사 결정을 내려주지 않는다"라고 하면, 팀원들이 어떤 부분을 답답해하는지 생각해봐야 본인을 바꿔 나갈 수가 있다.

뒤에서 말 만들기 좋아하는 사람도 있게 마련이고, 늘 남들이 말하는 것만 신경 쓰면서 살 수도 없다. 사람들이 이와 같은 뒷담화를 한다는 것은 그만큼 내가 주목받고 있다고 이해하면 된다. 혹시라도 뒷담화가 임원에 대한 공통적인 피드백이라면, 이를 마냥 무시할 수도 없다. 왜냐하면 임원의 가장 큰 역할이 팀원들을 적절하게 동기부여해서 직원들의 역량과 성과를 끌어올려야 하는 것이기 때문이다.

'직원이 따르고 싶어 하는 리더'가 되어야 하는 이유는 여러 가지가 있다. 애초에 한 사람이 모든 것을 다할 수 있으면 팀이 있을 필요가 없다. 두 사람이 두 사람의 성과만을 낸다면 팀으로의 시너지가 있었다고 말하기는 어렵다. 세 사람이 다섯 사람, 열 사람의 성과를 낸다면 얘기가 달라진다. 세 사람이 팀워크를 통해 시너지를 만들어 낸 것이다. 임원은 열 명, 백 명, 천 명이 그보다 훨씬 많은 시너지를 낼 수 있도록 팀을 관리해야 한다. 회사에서 리더십을 운운하는 실체가 바로 여기에 있다.

팀을 잘 관리하려면 팀원들이 팀장 또는 임원에 대한 신뢰가 있어야 가능하다. 열심히 하는 척하는 것과 열심히 하는 것은 다르다. 열심히 하는 척만 하는 팀원들이 모여서는 성과가 나올 수가 없다. 팀원들이 틈만 나면 회사를 떠나거나 눈치보고 적당히 일을 하는 팀이 잘 될 리가 없다. 팀원의 신뢰를 받기 위해서는 팀원이 잘 성장할 수 있도록 밀어줘야 가능하다.

임원이 되는 법을 가르쳐주는 곳도 없고 임원이 되면 뭘 어떻게 해야 하는지 가르쳐주는 곳도 없다. 뭐든 잘할 것 같은 임원들이지만 임원들도 어떤 회의를 가면 가장 낮은 사람일 때도 있고 혼자 고민이 많아지기도 한다. 내가 팀원이라면 '내가 임원이라면 어떻게 의

사결정을 할까?'라는 시점으로 생각을 해보자. '내가 임원이라면 어떤 팀원을 원할까?' 시점으로 생각할 수 있는 사람, 팀장이나 임원의 부족한 부분을 채워줄 수 있는 사람이라면 누구보다 빨리 임원이 될 것이다.

: 5 :

팀장과 팀원 간의 동상이몽

'저 사람은 왜 저럴까?' 팀장과 팀원 간에
서로 이해하지 못하는 경우가 많다.

팀장이 되면 소위 '라떼'라고 불리는 "나 때는 말이야"가 절로 나온다. 꽤 젊은 팀장도 그러는 것을 보면 나이 때문만은 아닌 것 같다. 그 역할이 사람을 그렇게 만드는 모양이다. (꼰대도 젊은 꼰대가 더 무섭다고들 한다.) 팀장과 팀원의 갈등을 보면, 팀장은 '다 가르쳤다'고 생각하고, 팀원은 '배운 게 없다'고 생각하는 경우가 많다. 팀장은 '어디까지 떠 먹여줘야 하나' '나 때는 훨씬 더 힘들었는데' 생각할 때, 팀원은 '나만 죽어라 일시키고, 공credit은 자기가 다 가져가려고…' 생각한다.

어느 회사 어느 팀에서나 비슷한 얘기가 들린다. 팀장들은 모두 꼰대인 걸까? 팀원들은 모두 피해망상증에 걸려 있는 것일까? 세대

차이도 분명히 있는 것 같기는 하다. 워낙 죽도록 일하는 데 익숙한 세대여서 그런지, 나의 어머니는 입사하고 한 달 이내에 허혈성 장염으로 1주일간 입원한 나에게 회사 걱정을 했다. "회사 들어가서 1달도 안 되어서 입원을 하고 회사를 안 나가서 어쩌냐… 회사에 누를 끼치면 어쩌지?" 90세가량 된 부모님은 '죽어도 회사에서 뼈를 묻어야 한다'고 생각하는 세대였다. '내가 죽을 수도 있는 병인데 회사를 걱정하는 어이없는 상황'이었지만, 전쟁과 가난을 극복하기 위해 열심히 일한 세대가 갖게 된 사고방식을 지금 감성이 아니라고 무시하기도 어렵다.

직장에 다니면서 월급을 받건 사업을 해서 상품이나 서비스를 팔건, 받은 돈 값만큼은 최소한 제공해 주어야 한다는 건 나도 공감한다. 월급을 받으면 그만큼 일을 해야 하는 건 맞다. 세상에 공짜는 없다. 학교나 학원에 갈 때는 내가 돈 주고 배우는 것이니, 배움에 집중하면 된다. 그러나 회사에 와서 "가르쳐주지 않는다" "성장이 안 된다" 불평하는 것은 시점을 달리 생각해 볼 필요가 있다.

누구나 좋은 커리어를 꾸려 가기 위해 '성장'을 원하는 것은 당연하다. 그러나 회사에서 학교나 학원처럼 '기초 완성' 해주고 중급, 고급 교육을 해 주기를 기대하는 학생 마인드는 버려야 한다. 회사에서 가르치는 것은 회사에서 써먹을 만큼만 우선 가르치는 것이다. 그나마도 '맨땅에 헤딩' 식으로 하루하루 부딪쳐 가며 배우게 마련이다. 학원에서 배우는 것처럼 차근차근 배우는 것을 기대한다면 큰 오해를 하고 있는 것이다.

회사에서 배우는 게 없는 것 같지만, 회사에는 가르침을 주는 사람들과 프로세스로 가득 차 있다. 누가 떠먹여 줄 것을 기다리지 말자. 내 인생은 어차피 내가 배워가고 알아가는 것이다. 이 책을 '책으로 배우는 회사 생활'이라고 생각해도 좋다. 싸가지 없는 동료들에게서는 '저렇게 마음을 쓰니 협력이 안 되는구나'를 배울 수 있고, 무능력한 팀장한테는 '저렇게 하면 무능력해 보이는구나'를 알게 된다. 내가 손가락 관절 혹사시키며 데이터를 제공해 주지 않으면 아무것도 할 수 없는 팀장이 무능력한 것이 아닐 수도 있다. 애초에 팀장 혼자 다할 수 있는 일이었으면 회사에서 나를 뽑지도 않았을 것이다. '나는 저렇게 하지 말아야지' 생각했다면 훌륭한 커리어를 닦을 준비가 된 것이고, '나는 이렇게 이렇게 해 봐야겠다'고 생각하고 시도하고 있다면 직장에서 성공할 확률이 높은 사람인 것이다.

내가 팀원이라면, 주어진 환경에서 최대한 배우고 나를 성장시킬 수 있는 요소를 찾아내는 것이 중요하다. 숟가락 들고 떠먹여 주는 사람은 없는데, 어디에서 숟가락을 찾아서 떠먹을 수 있을까? 어떻게 하면 회사를 배움터로 바꿔 나갈 수 있을까?

우선 관찰을 해보자. 회사에서 좋은 평판을 갖고 있는 소위 '일 잘하는 사람'들을 보고 그 사람이 '일 잘하는 비결'을 알아내자. 일 잘하는 사람들은 업무를 빠르고 정확하게 처리하건, 고객 관리를 잘하건, 기한을 잘 맞추건, 보고서를 깔끔하게 잘 쓰건, 발표를 잘하건, 다

이유가 있다. 사실 '일 잘하는 사람'은 매우 쉽게 정의될 수 있다. 바로 '다른 사람의 일을 줄여주는 사람'이다. 내가 빠르면 다른 사람이 약간 느려도 되고, 내가 정확하면 다른 사람이 두 번 보지 않아도 되고, 내가 고객 관리를 잘하면, 다른 사람이 고객한테 쫓아가서 "앞으로 더 잘 하겠습니다" 조아리지 않아도 된다. 결국 다른 사람의 일을 줄여주고 편하게 해주는 사람이 '일 잘하는 사람'이라는 소리를 듣게 되고, 그런 사람이 승진하게 되어 있다. 혹시 내가 '내 일을 줄이는 데'에만 신경을 쓰는 사람이 아닌지 생각해 보자.

'일 잘하는 사람'을 충분히 관찰을 하고, 기회가 있을 때 그 사람에게 물어볼 수도 있다. "XXX를 정말 잘하시는 것 같은데, 어떻게 잘하게 되셨어요?"라는 질문은 누구나 기분 좋게 한다. 너무 뜬금없지 않으면 좋은 정보를 얻고, 그 사람과 좋은 관계를 형성할 수도 있다. (단, 쓸데없이 영혼 없는 아부성 발언을 일삼지는 말자. 영혼 없는 칭찬의 말을 자꾸 하게 되면, 나중에 진정성 있게 하는 말도 모두 영혼 없게 들린다.)

회사에서 '일 못하는 사람'에 대해서도 관찰을 해보자. 왜 일을 못한다는 인상을 줄까? 그런 사람도 노력을 안 하는 것은 아닐 수도 있다. 다른 사람을 답답하게 하거나 일의 마무리가 깔끔하지 않거나, 커뮤니케이션을 잘하지 않거나, 솔직하지 않거나, 감정적이거나, 여러 가지 이유가 있겠지만, 어떤 경우에 '일 못한다'라는 인상을 주는지 파악하고, 그 경우에 주변 사람들이 어떤 부분을 힘들어 하는지 관찰할 필요가 있다. 꼰대스러운 팀장에게도 '저렇게 하면 꼰대 짓으로 보이는구나'를 배울 수 있다.

관찰 이후에는 내가 습득한 정보를 나의 배움으로 전환시킬 필요가 있다. 회사에서 가장 좋은 스승들은 주변 사람이다. '일 잘하는 사람'한테는 일 잘하는 방법을 배워 나가고, '일 못하는 사람'한테는 '해서는 안되는 방법'을 배워 나가면 된다. 나도 언젠가는 팀장이 될 것이라는 사실을 잊지 말자. 내가 한 일이 팀의 성과가 되고, 결국 팀장의 성과가 되는 것이다. 내가 나의 성장을 만들어 가야 한다. 좋은 팀장이 되려면 '지금' 준비해야 한다.

한편, 내가 팀장이라면? 팀장들은 벌써부터 꼰대가 되기보다는 진정한 리더가 되자. 개구리 올챙이 적 시절을 기억하지 못하는 팀장이 되지는 말자. 내가 팀원이었을 때 무엇이 동기부여가 되었는지, 어떤 팀장이 되고 싶었는지 기억하자. '팀원의 입장에서 생각해 본' 후 업무를 맡기면 된다. 팀원이 성장할 수 있도록 내가 할 수 있는 힘껏 도와주자. 내가 팀원의 성장을 신경 쓰면, 팀원도 저절로 열심히 일해 주게 마련이다.

팀원에게 일을 줄 때, "모두 널 위한 거야"라는 말은 되도록 하지 말자. 가증스럽게 들릴 수 있다. 진심으로 팀원을 위해서 해 주는 조언이 아니면, "널 위한 거야"라는 말을 앞에 붙이지 말자. 팀원은 그저 '자기가 하기 싫은 일을 나한테 시키려 하는구나'로 해석한다.

오죽하면 '낄끼빠빠'라는 말이 한때 유행했을까? 낄 때 끼고 빠질 때 빠지는 미덕이 필요하다. 팀원들끼리 즐거운 시간을 보낼 때는 빠저 주기도 하는 것이 예의이다. 놀고 싶은 팀장은 제발 팀장 급끼리 놀면 좋겠다. 누군가 고기를 구워야 하는 상황이면 팀장이 구워 주자.

직원들에게 뭔가 충고해야 할 때 공개적으로 야단치는 건 결코 문제를 해결해주지 못한다. 성경에도 If your brother sins against you, go and tell him his fault between you and him alone. "네 형제가 너에게 죄를 짓거든, 가서 단둘이 만나 그를 타일러라"라는 구절이 있다. 상대방을 망신주려는 의도가 아니라면 상대방이 스스로를 성장시키기를 바라는 마음으로 얘기해 주어야 한다. 진심으로 나를 위해서 해 주는 말이라고 생각되면, 타이르거나 야단치는 말을 들어도 억울하지 않고, 반감이 생기지도 않는다. 내가 진심으로 대하면 상대방은 내 진심을 알아주게 되어 있다.

때로는 회사에서 "나 혼자이구나… 아무도 내 편이 없구나" 이런 생각이 들 때가 있다. 난 정말 잘해줬다고 생각했지만, 팀원이 다른 부서로 가고자 할 때, 회사를 그만두겠다고 할 때, 내가 해준 게 없다고 다른 사람에게 말한다고 들었을 때… 팀장도 배신감이 든다. 그러나 내 팀에 있던 직원이 성장하고 더 잘 되어서 다른 팀에 간다면 그걸 기뻐해 주자. 온갖 수단과 방법을 가리지 않고 막아서면 나만 쪼잔한 사람이 된다. 내가 팀원이어도 커리어 향상을 위해 움직일 수 있지 않은가… 직원의 입장에서 더 좋은 커리어를 좇아가는 것이라면 응원해주자. 내가 싫어서 떠나는 경우라면 나를 개선할 점이 있는지 찾아봐야 한다.

팀원이 나름의 최선을 다했다면 일단 칭찬해 주자. 설령 내가 생각한 기대치에 모자라다 하더라도. 물론 기대에 부응하지 못하는 팀원이 있게 마련이다. 이런 경우에는 최대한 커뮤니케이션에서의 오해를 줄이는 것이 급선무이다. 기대에 부응하지 못하는 팀원들의 가장 큰 특징은 똑같은 상황을 보고 '다르게 이해한다'는 데 있다. 미팅 후에 간략하게라도 회의록을 작성하도록 하자. 특히 회의 후에 수행해야 할 업무 중심으로 회의록을 구체적으로 작성하면, 오해가 훨씬 줄어든다. 한편, 수시로 산발적으로 업무 지시한 내용이 있으면 간단하게 노트해 놨다가 주간 회의 때 일괄적으로 한 번 더 얘기하면 내 시간도 팀원의 시간도 효율적으로 활용할 수 있다. (이미 한 얘기를 또 하고 또 하라는 얘기는 아니다.) 주중에 팀원을 관찰했다가 칭찬할 만한 일을 하나씩 노트해서 주간 회의 때 "고맙다"고 말하면, 팀원들의 얼굴이 훨씬 밝아진다. 잘 성장하고 있는 팀원에 대해서는 팀장의 보스에게도 알려서, 팀원이 자신이 한 일에 대해 자부심을 가질 수 있도록 해 주자.

팀원에게도 배울 것이 많다는 것을 잊지 말자. 어떤 젊은 팀원과 점심을 먹고 있었는데, 힘든 고객이나 동료를 만날 때 어떻게 대응하는지 질문했다가 깜짝 놀란 적이 있다. "세상에 이해 못할 사람은 거의 없는 것 같아요… 그렇지만 정말 이해가 안 가는 이상한 사람에 대해서는 '이 사람은 아프다' 생각합니다. 그러면 훨씬 더 참을성 있게 대응할 수가 있습니다."라고 말하는 것이 아닌가. 힘든 고객을 대응하는 것이 힘들다고 불평하지 않는 그 친구를 보면서 '나도 배워야겠다…' 생각한 적이 있다. 그래서 그런지 이 친구에 대해서는 안 좋은 평가를 들어본 적이 없다.

팀장과 팀원… 딱히 갑을 관계는 아니지만 늘 서로에게 어딘가 억울할 수 있는 관계다. 조금만 시점을 바꿔서 서로의 입장을 고려해보자. 팀원들은 '내가 팀장이라면' 생각해보자. 팀장들은 개구리 올챙이적 생각을 하고 팀원이 성장할 수 있도록 도와주자. 서로에게 공을 돌릴 마음의 여유를 갖는다면 환상의 팀워크를 만들어 갈 수 있을 것이다.

: 6 :

내 승진에 영향을 미치는
사람은 누구인가?

"윗사람에게 잘 보인다." 이런 말을 영어로 표현하려면 참 애매하다. 기껏해야 "좋은 면을 보여준다" 정도로 번역을 하거나 "아부한다" 등 부정적인 표현에 가까워진다. 어렸을 때 어르신들은 이런 말씀을 참 많이 하셨다. 아는 사람이 승진하거나 잘 되면 '누군가에게 잘 보였나 보다…' 생각하는 경향이 있었던 것 같다. 옛날엔 (아니면 지금도?) 그렇게 막강한 파워를 갖고 있는 윗사람이 많았던 걸까? 아니면 아는 사람의 능력을 과소평가하는 것일까? 능력이 없어도 윗사람에게 잘 보여서 승진할 만큼 부당한 사회였을까? 억울한 일을 당하고도 SNS에 까발리지 못하는 사회여서 그랬을까? 참 억울한 게 많고 부당한 게 많은 사회였던 모양이다.

그런 사회였기 때문인지, 누군가에게 잘 보이기 위해 엉뚱한 노력을 하는 사람이 많다. 같은 동문이어야 한다거나 동향이어야 한다거나 하다못해 취미가 같아야 한다거나 때가 되면 선물을 해야 한다고 생각하는 사람도 있는 것 같다. 과거에는 실력이 없어도 일단 회사에 들어가면 어느 정도 버틸 수 있는 녹록한 사회였던 모양이다. 요즘 기업에서는 지속적으로 실적과 성과를 보여줘야 하기 때문에 누군가에게 한 번 잘 보여서 어떤 역할을 맡는 것의 효과가 그리 길지는 않다. 지연, 학연 등이 플러스 요소일지는 몰라도 핵심 요소가 될 수는 없다. 그런데 사람들이 핵심 요소를 간과하고 부수적인 플러스 요소가 핵심인 줄 치부해 버리는 것은 그야말로 핵심을 놓치는 경우이다.

사실 윗사람에게 잘 보이는 것처럼 쉬운 일은 없다. 윗사람에게 아부를 하거나 선물을 하지 않아도 된다. 예외가 있기는 하겠지만, 윗사람은 아부를 하는 사람을 좋아하는 게 아니라, 업무를 잘 처리해서 윗사람이 신경 쓸 일이 없게 만드는 사람, 믿을 수 있는 사람을 좋아한다. 조직이 성과 중심일 경우에는 일 잘하고 성실하고 모난 데 없는 사람을 윗사람이 싫어할 이유는 정말 1도 없다. 일 잘하는 사람이 충성도까지 있어서 믿을 수 있다면 더욱 완벽하다. 충성도와 의리까지는 아니어도 배신하지 않을 정도의 예의가 있다면 충분하다.

혹시라도 회사에서 나의 성과 평가를 하는 윗사람에게만 잘 보이면 승진이 될 것이라고 생각하는 사람들이 있다면, 기억해 두어야 할 것이 있다. 웬만한 규모의 회사에서는 내 승진에 관여하는 이해 당사자가 한두 사람이 아니다. (물론 개인 회사인 경우에는 이해 당사자가 한 사람일 수도 있겠지만⋯) 기왕에 잘 보이려면 상당히 많은 사람들에게 잘 보여야 한다.

규모가 있는 회사에서는 승진을 결정할 때, 단 한 사람이 단독으로 결정하는 일은 흔치 않다. 해당 팀장의 평가가 올라가면 해당 임원이 다른 팀과의 형평성을 고려해서 조정한다. 이 과정에서 인사부 담당자의 의견도 포함되고, 급여나 보너스 인상폭이 재량권에 속한 조직에서는 재무팀 담당자의 의견이 포함되기도 한다. 한편 부장, 이사 등 중요한 역할인 경우에는 다른 임원들의 의견도 무시할 수가 없다. 임원들은 서로 자신의 팀원을 승진시키고자 노력하기 때문에 다른 임원과 상당한 밀당을 해야 할 수 있다. (이번에는 우리 팀 팀장을 먼저 승진시키자… 등) 물론 해당 팀장이나 임원이 '매우 강력하게' 특정한 사람의 승진을 주장할 수도 있다. 이런 경우에는 그 논리가 설득력이 있어야 다른 임원이나 인사부, 최종적으로 사장도 이를 공감할 수 있게 된다. 외국계 회사의 경우에는 해외에 있는 보스까지 승진에 영향력을 미치는 경우가 많다.

한 사람이 승진하려면 이렇게 많은 사람이 관여하게 된다. 물론 해당 팀장이나 임원처럼 가장 중요한 역할을 하는 사람이 있기는 하지만, 승진 과정에 포함되는 다른 사람이 반대하면 승진이 되지 않는 경우도 많다. 그만큼 인맥 관리를 하려면 많은 사람에 대해 인맥 관리를 해야 한다. 특히 인사부 담당자들에 대해서 '내 하소연을 들어주는 사람' 또는 보스만큼 영향력이 없는 사람이라고 착각하는 사람들이 많다. 인사부 담당자는 직원들의 복지와 동기부여에 초점을 두고 있는 사람들이기는 하다. 그러나 인사부 담당자도 직원들의 성장성에 대해 날카로운 판단을 하는 사람이다. 이에 따라 '내 하소연을 들은' 인사부 담당자가 본인의 판단으로 직원의 성장성이나 성향에 대해 부정적인 선입견을 갖게 되면, 이는 결정적인 순간에 직원의 평가나 승진에 직접적인 영향을 미칠 수가 있다. 직원들의 사기 진작을 늘 고민해야 하는 역할이지만, 직원 간의 형평성과 회사의 방향에 대해 함께 고민하는 역할이라서, 인사부 담당자도 소신에 따라 강력하게 특정한 사람을 승진시키도록 또는 승진시키면 안 된다고 주장하는 경우가 생긴다.

회사 내에서는 다양한 사람들에게 나의 평판을 관리하는 것이 필요하다. 예를 들면, 과거 보스에 대한 험담을 현재 보스에게 하지 않는 게 좋다. 다른 사람에 대해 험담하는 사람은 나에 대해서도 험담할 수 있는 사람이기 때문이다. '과거 보스에게 찍힌 이유가 늘 직원 편을 들었기 때문이다'는 영웅심(?)을 갖고 있는 사람도 있다. 직장에서 직원 입장에서만 생각하거나 임원진 입장에서만 생각하는 것은 자랑이 아니다. 보스에게만 잘 보이는 스타일은 승진은 할 수 있지만 나중에 신뢰받는 리더가 되기 어렵고, 팀원에게만 잘 보이는 스타일은 (일단 승진이 잘 안 되기 때문에) 승진해서 리더가 되기 쉽지 않다. '그러면 항상 마음에도 없는 좋은 소리만 해야 하나…' 생각이 들지 모르겠다. '그게 아부가 아니고 뭔가…' 생각할 수도 있겠다. 그렇지는 않다. 누군가를 비판할 수 있지만, 1. 그 사람을 위하는 진심을 담고, 2. 그 사람에게 직접 말할 수 있다면 건설적인 비판으로 받아들여질 것이다. 상대방을 위하는 마음이 없이 뒷담화만 하는 경우에는 '의리 없고 앞에서는 좋은 척하다가 뒤에서는 욕하는 사람'으로 취급되는 게 맞다. 이런 얘기는 곧 나의 평판으로 여러 사람에게 공유가 되는 것이 바로 회사이다.

회사에서 두루두루 평판을 잘 관리하려면 어떻게 해야 할까?

1. 내 입장만 생각하기보다는 상대방의 시점을 함께 고려한다. 승진을 하려면 보스의 시점으로도 볼 수 있어야 한다.
2. 누군가 비판을 하고 싶은 경우에는 뒷담화를 하지 않고 상대방을 위하는 진심을 담았을 때에만 말을 한다. 꼭 뒷담화를 해야만 직성이 풀릴 것 같을 때에는 회사나 업계 사람이 아닌 친구에게만 한다.
3. 사안에 따라 적절하게 이해 당사자와 꼭 필요한 커뮤니케이션을 한다. 내 업무에 관심을 갖고 있는 사람들에게 적절한 타이밍에 업데이트를 주면 모든 사람이 나의 업무에 대해 불안하지 않게 된다. (= 나에 대해 긍정적인 인상을 받게 된다.)
4. 늘 겸손한 마음을 잃지 않는다.
5. 긍정적인 시점을 잃지 않고, 늘 감사하게 생각한다.

승진을 했다면, 정말 많은 사람들이 내가 승진할 수 있도록 도왔거나 묵시적으로 지원을 한 것이다. 사원에서 대리가 되었을 때, 대리에서 과장이 되었을 때 등, 나의 승진에 관여했을 것으로 예상되는 모든 사람에게 개별적으로 고마움을 짧은 문자로라도 표시를 해보자. 선물을 보낼 필요는 없지만, 문자나 이메일로라도 감사함을 표시하는 것은 모두를 흐뭇하게 해준다. 사람들은 의외로 다른 사람에게 도움을 주었을 때 큰 보람을 느끼고 흐뭇해하기 마련이다. 고맙다고 진심으로 말하자. 상대방이 보람을 느끼고 흐뭇하게 만들어 주자. 다음에 또 기회가 온다면, 고마워할 줄 아는 사람에게 먼저 기회가 올 것이다.

: 7 :

시점을 바꾸면 맥락이 보인다

시점을 바꾸면 맥락이 보인다

'기러기 아빠'를 법으로 금지해야 한다는 직원들이 있어서 한참 웃은 적이 있다. ('기러기 아빠'는 자식의 유학을 위해 국내에 남아 자식과 아내를 해외에 보낸 뒤 돈을 벌어 해외로 보내는 아빠를 의미한다 – 어학사전) 일부 기러기 아빠들은 새벽부터 밤까지 일하고 주말에도 사무실에 나오는 경우가 있다. 그렇게 밤낮없이 일하던 기러기 아빠들이 어떤 기간에는 아무리 급한 일이 있어도 칼같이 퇴근을 하고, 퇴근 후에 이메일도 확인하지 않는 눈치일 때가 있다. 스트레스로 잠적을 한 것일까?

직원들은 죽을 맛이다. 아무리 요즘 눈치를 덜 본다고 해도, 회사를 다니다 보면 보스보다 일찍 퇴근할 때 괜히 나 혼자 뒤통수가 따가울 수 있다. 직원들은 이랬다저랬다 하는 보스의 변화가 낯설고 이상해 보인다. 그런데 알고 보니, 일에 미친 워커홀릭workaholic이다가 스트레스로 잠적한 줄 알았던 보스는 그저 평범한 '기러기 아빠'였을 뿐이다. 평소에는 집에 가봐야 혼자 덩그러니 있어야 하니까, 회사에 주구장창 남아 있다가, 와이프나 자식들이 한국에 잠깐 돌아온 기간에는 칼같이 퇴근해서 가족과 시간을 보내는 것이다. 상황을 알게 되니 현상을 더 잘 이해하게 되었지만, 기러기 아빠를 법으로 금지시켰으면 좋겠다는 직원들을 마냥 탓할 수만은 없다.

스티븐 코비의《성공하는 사람들의 7가지 습관》에는 공공장소에서 시끄럽게 떠드는 가족이 나온다. 다른 사람들도 함께 이용하는 지하철역에서, 천방지축으로 뛰고 시끄럽게 떠드는 아이들을 그냥 방치해 두고 멍하니 앉아 있는 아빠가 있었다. 지나가던 사람들은 "가정교육을 도대체 어떻게 시키는 거요? 애들이 공공장소에서 저렇게 시끄럽게 떠들도록 내버려 두면 어떻게 해요?"라고 말하고 싶었을 것이다. 그러나 그 아빠가 이렇게 말한다면? "방금 애들 엄마가 죽었어요. 저도 뭘 어떻게 해야 할지 모르겠는데… 애들도 어찌할 바를 모르는 것 같아요…" 이제 이 아빠가 아이들을 가정교육 시키지 않는다고 뭐라고 할 수 있는 사람이 있을까? 동일한 현상도 개인의 사정을 알고 보면 완전히 달리 보일 수 있다.

미국에서 일할 때 나의 보스는 성과에만 관심을 갖는 피도 눈물도 없는 사람인 줄 알았다. 가끔 직원들에게 "어떤 부분을 도와줄까?"

"어떤 부분이 힘든가?" 질문을 하는 것도 진심에서 우러나오는 말이 아닌 것 같다고 직원들끼리 뒷담화를 하곤 했다. 나중에 알고 보니, 자기 계발서를 읽고 그 지침에 따라 직원들에게 질문을 하곤 했던 것이었다. 직원들에 대한 애정도 없는 줄 알았는데, 내가 회사를 떠난 지 10년이 지났는데도 '생일 축하' 메시지를 보내는 것을 보면, 본인의 성과에만 관심을 갖는 피도 눈물도 없는 사람은 아닌 듯하다. 그분도 다른 임원들처럼 성과 스트레스를 받고 있던 것뿐, 떠난 직원까지 응원해 주는 분이었다.

관심을 갖고 타인을 관찰하다 보면 타인에 대한 이해도가 높아진다. 한걸음 더 나아가서 '왜 그러는지' 배경을 이해하게 되면, 또 한걸음 더 나아가서 상대방이 필요로 하는 것, 원하는 것이 무엇인지 이해하게 되면 비즈니스에도 큰 도움이 될 수 있다. 상대방의 말을 주의 깊게 듣고, 진솔한 대화를 나누는 것이 가장 쉬운 방법이다. 모든 직원이 나와 똑같이 생각하는 것은 아니라는 것부터 이해하고 대화를 시작해야 한다.

모든 직원이 승진을 원하는 것 같지만, 그렇지는 않다. 스트레스가 아무리 많아져도 무조건 승진을 바라는 사람도 있지만, 적당히 편하고 안정된 위치를 선호하는 사람도 있다. 본인의 능력이 충분한데도, 대놓고 "전 가늘고 길게 가고 싶습니다"라고 말하는 사람이 있어서 문화 충격을 받은 적도 있다. 능력과 야심이 비례하는 것은 아니다. 월급이 별로 오르지 않아도 직급이 올라가는 것을 원하는 사람도 있고,

월급이 오르지 않는다면 차라리 승진하지 않겠다는 사람도 있다.

고객의 경우도 마찬가지다. 내가 속해 있던 업계에서는 가격 경쟁력이 가장 중요한 요소라고 생각되어지곤 했다. 무조건 최저가로 입찰을 해야 비즈니스를 따낼 수 있고, 비용을 최대한 낮춰야 비즈니스를 유지할 수 있을 것으로 생각한 것이다. 그런데 A고객은 비용 절감이 최우선 순위였지만, B고객은 비용을 절감한다 해도 회사의 평판에 문제가 될 수 있는 일은 절대 하지 않는다는 것을 알게 되었다. 결국 고객에 따라 서로 다른 솔루션을 제시할 수밖에 없었다.

관찰과 대화를 통해 상대방을 이해하게 되면, 상대방에게 중요한 부분과 나에게 중요한 부분을 함께 엮어 나갈 수 있게 된다. 대부분의 사람들은 나의 목표가 상대방의 목표와 상충된다고 생각하고, 상충되는 부분에만 집중하는 경향이 있다. 고객이 비용 절감을 해야 하고 우리 회사는 매출을 증대해야 하면, 직원은 승진을 원하고 보스는 급여 인상을 최소화해야 한다면, 양측이 합의점을 찾을 수는 없다고 생각하는 경우가 많다. 과연 그럴까?

고객을 관찰하고 이해해 나가다 보면, '비용 절감'을 외치면서도 '회사의 평판이 더 중요하다'고 생각하는 경우도 많고, 고객의 장기적인 비즈니스 측면에서 비용 투자가 필요한 부분에서는 과감하게 비용 절감을 하지 않는 경우도 있다. (물론 드물다.) 우리 회사의 경우에도 매출을 증대하고자 하는 것은 당연하지만, 매출만 증대하는 것이 중요한 것이 아닐 수 있다. 마진이 중요하거나 현금 회수가 더 중요할 수도 있다. 양측의 상충되는 부분만 보지 말고, 양측 모두에게 중요하면서도 공동의 목표로 만들어 갈 수 있는 부분을 (상호 승승 win-win할 수 있는 부분) 찾아서 함께 성취하면 되는 것이다.

상대방의 입장을 전혀 고려하지 않고 '본인의 바람'만을 얘기하는 사람을 보면, '상대방이 받아줄까?' 싶을 때가 많다. 비즈니스 환경에서 나에게 중요한 부분만을 추구할 수도 없고 상대방에게 중요한 부분만을 추구할 수도 없다. 어느 누구도 이타적인 마음만으로 비즈니스를 하지는 않는다. 내가 원하는 것을 얻으려면, 상대방이 원하는 것을 줄 수 있어야 한다. '나의 바람'을 상대방에게 설득시켜야 할 때, 상대방의 시점을 이해하고, 상대방의 입장에서 설득하면 훨씬 큰 효과를 볼 수 있다.

시점을 바꾸면 맥락이 보인다. 상대방을 관찰하고 대화를 통해 이해해보자. 상충되는 부분에 초점을 두기보다는 공동의 목표에 집중하자. 상호 승승win-win 할 수 있는 포인트를 빨리 파악하는 것이 성공의 열쇠이다.

8

시야를 좁히는 선입견

감동이 선입견 때문에 깨진 적이 있다. 코로나로 잘 돌아다니지 않다가 어느 날 오랜만에 지하철을 탔다. 임산부 자리가 비워 있는 것을 보고 우리나라 사람들의 시민 의식에 혼자 감동하고 있었다. 마침 임산부 옆 자리가 나서 반갑게 앉아서 눈을 감았다.

그런데 잠시 후, 갑자기 어떤 듬직한 분이 앉는 게 느껴졌고 방금 피운 듯한 담배 냄새가 확 났다. 나도 모르게 '임산부석에 앉다니! 이런 매너 없는 아저씨가 있나!' 생각하며 눈을 떠 봤는데 키가 큰 여성이었다. '담배 냄새가 나면 남성이라고 생각하는 선입견이 있구나' 생각이 들었다. 다시 눈을 질끈 감았지만, '임산부가 담배 피우시면 안 되는데', 또 잠시 후에는 '담배를 피우다니, 임산부가 아닌 것 아냐?' 등으로 생각이 꼬리에 꼬리를 물었다. 나는 선입견이 별로 없는 사람이라고 생각했는데, 오지랖으로 머릿속이 복잡했다.

선입견이 아예 없을 수는 없겠지만, 선입견은 편견이 될 수 있어서 부끄럽다. 내가 가진 선입견이 상대방을 불공평한 상황으로 몰고 갈 수 있기 때문이다. 베일리 라이너스Bailey Reiners라는 저널리스트의 글을 읽고 (16 unconscious bias examples and how to avoid them in the workplace) 내가 의식하고 있는 편견도 있고, 의식하지 못한 선입견도 많다는 것을 알게 되었다.

선입견이 가장 문제가 될 수 있는 경우가 회사 입사를 위한 인터뷰를 할 때이다. 뽑는 사람 입장에서 짧은 시간 동안 만난 사람을 어떻게든 판단을 해서 누구를 뽑을 것인지 결정해야 하므로 편견이 강하게 치고 들어오는 경우가 많다. 인터뷰를 통해 회사에 입사하고자 하는 사람에게도 마찬가지이다.

면접을 보러 갔을 때 나이 들어 보이는 남성과 여성이 두 사람 앉아 있으면 십중팔구 남성이 보스라고 생각하고 그 사람에게 눈을 맞추며 대답을 하는 사람이 많다. 이것도 일종의 젠더에 대한 편견이다. 그럴 확률이 높은 것은 현실이지만 혹시 그렇지 않을 경우 큰 실수를 하는 것일 수 있다. 고객과의 회의에 들어가도 '일단 누가 제일 중요한 사람인지' 판단부터 하려는 사람이 있다. 그러나 제일 중요한 사람이 최종 의사 결정자인 경우가 많지만, 단독 의사 결정자는 아닌 경우가 대부분이다. 얍삽한 판단을 하기보다는 질문을 하는 모든 사람에게 골고루 시선을 주며 (모두에게 존중을 표시하며) 인터뷰를 하는 것이 좋다.

"이 사람은 우리 팀의 문화에 잘 적응할 것 같아"라고 생각하는 경우는 대부분 나와 비슷한 경험을 했거나 유사한 관심사를 갖고 있는 사람을 만났을 때의 경우이다. 회사에서 함께 일할 동료를 뽑아야 하는데, 데이트 할 상대를 뽑는 것처럼 착각을 하는 사람이 있다. 나와 똑같이 축구를 좋아한다고 해서 (축구와 전혀 상관없는) 업무를 잘 할 것이라고 기대하는 것은 선입견이다.

어떤 한 가지 상황을 보고 그 사람 전체로 판단하는 것도 상대방에게는 불공평할 수 있다. 나도 직원 면접을 할 때, 지각하는 사람을 보면 '이유를 불문하고' 뽑지 않았다. 면접에도 늦는 사람이 업무를 제때에 수행할 수 있겠나 생각했기 때문이다. 그러나 왜 늦었는지 무슨 천재지변이라도 있었는지 꼭 물어봐야 하고, 납득할 만한 이유라면 함부로 사람을 판단하지 않아야 한다.

왕따 문화가 무서운 것처럼 사람들은 주변 사람들과 다른 의견을 내는 것, 즉 튀는 행동을 하는 것을 두려워할 때가 많다. 영어에서 peer pressure라고 하기도 하는데, 동료 집단으로부터 무언의 압력을 받는다고 느끼는 것이다. 회사에서 회의를 할 때 만장일치는 사실 만장일치가 아닌 경우가 많다. 튀지 않기 위해서 다른 사람의 의견에 그냥 동의하는 경우가 많다. 중요한 사안인 경우 개인의 진심을 듣고 싶거나 개인의 아이디어를 필요로 할 경우에는, 개인의 의견을 사전에 미리 수집한 후 회의에 임하면 개인의 의견을 좀 더 개별적으로 들을 수 있는 확률이 높아진다고 한다.

후광 효과The Halo effect도 우리가 흔히 저지르는 선입견이다. 명품의 로고가 없어도 사람들이 그 제품을 살까? 좋은 대학을 나왔다고 해서 리더십도 있을 것이라고 기대할 수 있을까? 사람의 일부분으로 전체를 파악해서는 안 되지만, 우리는 흔히 그런 편견을 갖게 된다.

뿔 효과The Horns effect는 한 가지 단점을 기준으로 전체를 안 좋게 보는 선입견이라고 한다. 내가 특정 학교나 회사 출신을 싫어한다고 해서 상대방을 뽑지 않았다면 상대방 입장에서는 매우 불공정한 것이다. 내가 싫어했던 사람과 똑같은 목소리 톤을 갖고 있다고 해서 상대방을 싫어한다면 상대방은 너무 억울하지 않을까.

우리나라는 대놓고 연령차별주의가 횡행하는 경우가 많다. 업종에 따라 아예 '몇 살에서 몇 살까지'라고 공고를 하기도 하고, '모든 연령 가능'이라고 해도 마흔 살을 신입사원으로 들이는 회사는 거의 없다. 회사 인터뷰에서도 나이를 묻지 않게 되어 있지만, 많은 회사가 나이를 가늠할 수 있는 질문을 한다. 신입사원 때에만 나이가 문제가 되는 것은 아니다. 팀장 급 이상 임원일 때에는 회사를 옮길 때 나이가 문제가 되는 경우가 더 많다. 사장보다 젊어야 하는 것이다. 본인보다 나이 많은 사람을 잘 관리하는 것도 리더십인 것을… 적절한 능력을 갖추고 있어서 팀에 보탬이 될 수 있다면 적극적으로 다양한 사람을 팀에 포함하도록 해야 한다. 물론 상대적으로 나이가 많은 사람 스스로도 "라떼는 말이야"를 남발하거나 꼰대짓을 하기보다는 연륜에 따른 장점을 보여주기 위해 노력해야 한다.

외모에 대한 편견은 말로 다 할 수 없을 정도이다. 과거에는 그야말로 잘 생기고 예쁜 사람을 선호했다면, 요즘은 인물이 '훈훈'한 사람을 좋아하는 정도로 '개선(?)'되었을 뿐이다. 그뿐인가? 키가 크건 작건, 몸매가 넉넉하건 부족하건 신체적인 특징들도 이슈가 많이 되곤 한다. 과거에 '얼굴 없는 가수'로 알려졌던 김범수를 (정면이 아닌) '측면 인터뷰'한 케이스를 보면 어이가 없지만, 노래를 잘하면 이젠 매력이 있다 못해 잘 생겨 보이기까지 한다.

다행히 요즘은 외모 그 자체보다는 능력 있고 프로페셔널해 보이는 인상 또는 이미지가 훨씬 더 중요하다는 것이 부각되고 있는 듯하다. 나이 들어 인상은 본인의 삶을 반영한다고 한다. 본인의 인상과 이미지를 내가 원하는 커리어에 맞는 스타일로 가꿔갈 수 있다.

그 외에도 사람들은 수많은 편견과 선입견으로 다른 사람이나 상황을 판단한다. 대부분의 기업에서는 편견을 최소화하고 공정한 평가를 하기 위해 많은 교육을 하고 있지만, 사람들을 쉽게 바꾸지는 못한다.

어느 레벨에 있건 우리가 잊지 말아야 할 것은, 다른 사람이 틀렸거나 나쁘다기보다, '다른' 경우가 많다는 사실이다. 회사에서 누군가를 뽑거나 승진시킬 때 나의 데이트 상대를 선발하는 것이 아니다. 데이트를 할 때는 '왠지 나와 맞을 것 같은 사람'과 하는 게 좋겠지만, 회사에서는 팀에 보탬이 될 사람을 뽑을 수 있어야 한다.

선입견과 편견은 직원에게나 회사에 잘못된 판단과 결정을 하게 할 확률이 높다. 선입견을 드러냄으로써 내가 불리해질 수도 있고, 편견 때문에 여러 사람에게 불공정한 의사 결정을 하게 될 수도 있다. 내가 색안경을 끼고 있으면 모든 사물이 어둡게 보일 수밖에 없다. 다른 사람을 어둡다고 탓하지 말고, 나의 렌즈, 나의 시점을 바꿔야 한다.

9

나와 다를수록 좋다!

미국에서 오랫동안 공부한 친구가 교수가 되어 한국에 있는 기업에 초대 받았던 적이 있다. 그 친구는 회의실에 들어갔다가 깜짝 놀랐다고 한다. "모든 사람이 까만 양복을 입고 한 마디도 안 하고 듣기만 하는데, 맨인블랙 영화를 보는 것 같았다"는 것이다. 요즘은 그 정도는 아니겠지만, 과거에 우리나라의 기업 회의에 들어가면 흔한 광경이었다.

특히 임원진들 회의에 들어가면 여성이 한 명도 없는 경우도 많아서 정말 모두가 까만색 아니면 남색 양복을 입고 있었다. 넥타이를 매지 않아도 된다고 지침이 내려온 이후 넥타이의 색깔 차이도 없어진 경우가 많다.

사람들은 동질감을 참 좋아하는 모양이다. 지연, 학연, 동아리… 등 사람들은 공감할 것이 있는 사람들끼리 모이는 것을 좋아한다. 이해는 간다. 같은 학교를 나왔고, 같은 고향을 떠나왔고, 같은 취미를 갖고 있다면 함께 공감할 수 있는 것이 많을 것이기 때문이다. 나도 맨인블랙 대열에 끼고 싶었는지도 모르겠다… 패션에 자신이 없어서이기도 했지만, 늘 검은색, 곤색, 또는 회색 정장을 입고 다녔다.

우리나라에서는 '단일 민족'이라는 것을 교과서에서도 누누이 강조했던 것을 보면 단일 민족 또는 혈통의 순수성(?)이 꽤 중요했던 것 같다. 그런데 중요한 것은 단일 민족이나 혈통이 아니다. 중요한 것은 소속감, '다양한 사람이 모였지만 공동체로 느껴지는 것'이다.

미국이 세계 최강의 국가가 된 데에는 이민자들의 힘이 컸다고 한다. 그래서 미국 사회를 멜팅 팟melting pot: 다양한 사람이 모여 끓어오르는 용광로 같은 곳이라고 했나 보다. 글로벌 시장에서 미국이 패권을 쥘 수 있었던 것은 여러 나라에서 특출한 사람들이 이민 와서 미국이라는 공동체를 형성할 수 있었기 때문이라고 보는 사람도 많다. 다양한 사람들이 모이다 보니 미국 내에서의 갈등은 더 심할지 모르지만, 어느 나라나 갈등 없는 나라는 없다.

회사 환경에서도 동질감을 추구하는 사람이 많다. 많은 팀장들이 본인과 비슷한 사람을 뽑아서 일하고 싶어 하는 경향이 있다. 외국인은 문화가 달라서 말이 안 통할 것 같고 (한국말을 잘해도), 여성을 뽑으면 성희롱 등 골치 아플 것 같고, 특정 학교 출신을 선호하는 사람도 있고, 특정 고향 사람을 싫어하는 사람도 있다. 자신과 조금만 다르면 또라이로 생각하는 사람도 있다.(이 경우 본인이 또라이인 경우가 더 많다.) 외국계 회사도 경영진이 대부분 백인 남성인 것을 보면 씁쓸하기도 하다.

회사에서 다양성을 추구해야 하는 이유는 무엇일까?

'공과 사'는 구분해야 한다는 것은 둘째 치고, 회사 환경에서 나와 똑같은 사람들로 팀을 구성한다면 내가 할 수 있는 것 이상의 시너지를 내기 힘들다. 통역대학원의 경우도 대부분 영어 전공자가 많게 마련인데, 공대, 법대, 간호학과 등 '다른' 출신들은 훨씬 더 인기가 많았다. 전공 분야가 다르기 때문에 내가 모르는 배경 지식을 공유할 수 있기 때문이었다. 회사 환경에서도 어딘가 '다른' 사람들은 기존의 동일한 배경을 갖고 있는 사람들과는 다른 시점, 다른 시너지를 제공해 줄 수 있다. 회사에서는 더구나 '창의적인 아이디어'가 중요하다. 다양한 사람이 소속감을 갖도록 구성된 팀은 창의적인 아이디어를 통해 파워풀한 성과를 낼 수 있다.

맥킨지에서 2020년 5월 19일 발표한 '다양성'에 대한 보고서 Diversity wins:How inclusion matters에서는 2014년도부터 15개국의 기업 1,000개 이상을 분석한 결과, 임원 중에 여성이 포함된 젠더 다양성이 높은 상위 25% 기업이 평균 이상의 수익을 달성할 확률이 하위 25% 기업보다 25%나 높았다고 한다. 이는 2014년의 15%, 2017년의 21%보다도 높아진 수준이다. 또한 인종/문화 다양성에서 상위 25%인 기업은 하위 25% 기업보다 36% 높은 수익을 달성했다고 한다. 임원 중에서 여성 비율이 30% 이상 높은 기업은 여성 비율이 낮은(10-20%) 기업보다 성과가 좋았고, 임원 중에서 여성 비율이 낮은

(10-20%) 기업도 여성 비율이 더 낮거나 아예 없는(0%) 기업보다 높은 성과를 보였다고 한다. 특히 여성 비율이 가장 높은 기업과 가장 낮은 기업의 성과 차이는 48% 수준에 달했다고 한다.

이제 다양성은 젠더, 인종뿐 아니라 종교, 정치성향, 교육, 사회경제적 배경, 성지향성, 문화 그리고 장애까지 포함하는 개념이 되었다고 한다. 맥킨지뿐 아니라 다른 컨설팅 업체에서도 수익성뿐 아니라 혁신을 촉진하는 데 있어서도 다양성 및 포용적 문화의 중요성을 강조하는 보고서가 많이 나오고 있다.

다양성Diversity과 함께 요즘 강조되고 있는 개념은 포함, 포용하는 문화Inclusion이다. 학연을 강조하게 되면 그 학교를 나오지 않은 사람은 그 팀에 들어갈 수 없다. 지연을 강조하게 되면 그 지역 출신이 아니면 그 팀에 들어갈 수 없다. 또는 들어갔다 하더라도 겉돌게 된다. 배타적인 문화에서 이방인은 설 자리가 없다. 회사의 업무나 능력과 상관없는 동질감으로 팀을 구성해서 팀워크를 갖는다고 착각하는 팀이 성장하는 데에는 한계가 있다. 왕따까지는 아니어도 '개밥에 도토리'가 되고 싶은 사람은 없다. 소속감을 느끼지 않게 되면 직원은 떠날 궁리만 하게 되고, 최선의 성과를 내고자 노력할 수가 없다. 다양한 아이디어, 남과 다른 생각을 할 수 있어야 요즘 다국적 기업에서 그렇게 강조하는 혁신과 창의성도 시작될 수 있다.

다양한 경험과 배경을 가진 사람들은 다양한 아이디어를 갖게 마련이다. 나와 다른 팀원이나 동료의 '다른' 시각을 최대한 배워보자.

나와 '다른' 사람을 통해 다른 시점을 갖도록 노력하면 나의 시야가 넓어지게 된다. 서로 다른 팀원들이 함께 시너지를 낼 수 있는 방향을 모색해 보자. 팀장이라면 나와 다른 사람을 뽑도록 노력해 보자. 그게 바로 단순한 관리자에서 진정한 리더로 가는 한 걸음일 수 있다.

: 10 :

콜라보를 하기 위해 반드시 필요한 것

구글 사무실에 가 보면 두 번 놀라게 된다. 협업을 강조하는 사무실 배치에 한 번 놀라고, 회사에서 제공해 주는 식사와 간식이 맛있어서 한 번 더 놀라게 된다. 구글에서는 사무실의 어떤 공간도 간식 거리에서 45미터 이상 떨어지지 않도록 공간을 구성했다고 한다.

〈토이 스토리〉, 〈니모를 찾아서〉 등으로 유명한 애니메이션 회사인 픽사Pixar에서는 과거에 컴퓨터 프로그램 하는 사람들과 애니메이션 하는 사람들, 임원들을 서로 다른 '건물'에 배치했었다고 한다. 임원들과 같은 건물에서 일하는 것을 싫어하는 사람들이 많은 것은 이해가 가지만, 임원들은 다른 건물에 두고 '끼리끼리' 모여서 비슷한 사고방식만 갖고 일을 했을 때 협업이 얼마나 어려웠을지 상상만 해도 끔찍하다. 스티브 잡스는 픽사의 모든 사람들이 한 공간에서 함께 일할 수 있도록 사무실 배치를 전면 수정했다고 한다.

구글 사람들이 유난히 먹는 데 진심인 것일까? 스티브 잡스가 사무실 공간 구성에 취미가 있는 사람이어서일까? 아마도 아닐 것이다. 먹을 게 있는 공간에는 사람들이 모이게 마련이고, 서로 모였을 때 인사도 한 번 하고 아이디어도 교환하고… 하라는 것이다. 일부러 다양한 사람들이 함께 '우연히' 만나서 대화할 수 있도록 공간 배치를 하고자 하는 것이다.

이 모든 노력의 목적은 바로 협업이다. 협업이 잘 되면 창조적인 아이디어도 나오고 전반적인 생산성이 높아질 것이라고 생각하기 때문이다. 폐쇄된 공간에 비해 다양한 사람들이 자유롭게 아이디어를 교환할 수 있는 환경을 구성할 때, 완전히 다른 시점을 갖고 있는 다른 팀 사람과 함께 자주 부딪쳤을 때, '우연이라도' 새로운 아이디어와 솔루션을 만들어내기를 기대하는 것이다. 직원들의 회사에 대한 만족도도 높아진다.

구글이나 픽사뿐 아니라 다른 많은 회사에서도 콜라보collaboration-협업를 강조하는 것이 유행처럼 번지고 있다. 협업을 이끌어내기 위해 사무실 공간만 바꾸면 되는 것일까? 그건 아니다. 협업을 위해 반드시 필요한 요소는 의외로 '오너십'과 '존중'이다. 내가 오너십을 갖고 '내 일'이라고 생각해야 협업이 잘 된다. 다른 사람에 대한 존중이 있어야 다른 사람의 의견을 새로운 시점으로 들을 수 있게 된다. 다른 사람에게 일은 떠넘기고 공credit만 가져오려고 하면 협업이 될 수가 없다. 내가 상대방의 '다른 시점'을 경청하면, 상대방도 나의 의견을 주의 깊게 들을 것이다.

업무를 하다 보면 협업을 깨는 사람들이 의외로 많다. "이건 내 일이 아닌데요?"가 대표적인 경우이다. 협업을 하는데 '내가 할 일'과 '네가 할 일'이 무 자르듯 명확하게 구분되는 일은 거의 없다. 겹치는 일이 생기게 마련이다. 겹치는 일을 내가 하면 '내가' 적극적인 사람이 된다. 나도 상대방도 안 하게 되면, 업무에 공백이 생겨 업무가 마무리 되지를 않는다.

오너십을 왜곡된 주도권으로 이해하는 사람들도 협업을 가로막는다. 다른 팀과 협업을 하라고 하면, 갑자기 '헤게모니' 어쩌구 하면서 주도권 싸움으로 곡해하고 패권을 장악하려 애쓰는 사람들이 있다. 다른 직원들은 '여기서 주도권이 왜 나와?' 싶지만, 윗사람이 패권 다툼을 시작하면 토를 달기 어렵다. 콜라보에서 주도권이 필요한 경우는 '먼저 다가갈 때'이다. 다른 팀이고, 잘 모르는 사람이지만, 먼저 다가가서 내가 고민하고 있는 문제에 대한 솔루션이 있는지 상의해 볼 수 있다. 이렇게 먼저 손을 내밀게 되면 내가 받은 교육과 경험만으로는 해결하기 어려운 이슈에 대한 솔루션을 찾을 수도 있다.

협업을 위해 꼭 필요한 부분은 서로 승-승win-win 할 수 있는 부분을 찾아야 한다는 것이다. 한 쪽에만 도움 되는 일을 다른 쪽에서 적극적으로 도울 리는 거의 없다. 양측에 도움이 되어야 함께 적극적으로 무언가를 도모할 수 있다.

구내식당에서 우연히 만나 어떤 아이디어가 나왔다면, 그 아이디어가 그대로 사장되지 않도록 액션을 취할 필요가 있다. 회의를 잡는

다거나 이메일을 보내서 흐름을 이어갈 수 있다. 이때 서로에게 바라는 것을 '구체적으로' '명확하게' 표현해서, 서로 오해가 없도록 해야 한다. "시간 되실 때 연락주세요"는 정말 한가한 주제가 아닌 한, 아무 소용없는 말이다. "혹시 다음 주 화요일이나 수요일에 시간 되세요?"와 같이 구체적인 표현이 훨씬 더 그 다음 액션을 끌어낼 수 있다.

협업을 잘하는 사람은 상대방의 시간을 아껴주는 사람이다. 이메일 한 번으로 끝날 것을 두 번 세 번 하게 하는 사람이 있다. "제가 4시에는 다른 미팅이 생겼는데, 3시나 5시 어떠세요?"라고 했는데, "네"라고 답장하면 도대체 어쩌라는 건지 알 수가 없다. 그럼 다시 "3시가 좋으세요? 5시가 좋으세요?"라고 질문해야 한다. 그냥 "3시가 좋습니다" 하면 될 것을… 효율적으로 일하는 사람은 이럴 때 "전 3시가 좋습니다. 3시로 미팅 초대 보내드립니다"라고 하면서 이메일로 후속 액션까지 취하기도 한다. 이런 사람이 일 잘하는 사람이고 주도적으로 일을 하는 사람이다. 이런 사람과는 협업을 하기도 쉽다.

실제 프로젝트를 함께하게 되면, 어떤 업무를 수행해야 할지 상세하게 논의를 하게 된다. 업무 리스트만 적어 놓아서는 소용이 없다. 각각의 업무 리스트를 누가, 언제까지 맡을 것인지 명확하게 정의해 놓아야만 실제 업무가 진행되게 마련이다. 네가 할 일인지 내가 할 일인지 애매한 회색지대grey area를 최소화해야 한다. 회색지대를 명확하게 구분해 주어야 업무가 잘 진행될 수 있다. 이 정도만 진행되어도 대단한 일이긴 하지만, 여기에서 끝나서는 협업의 결과가 나오지 않는다. 누군가 오너십을 갖고 주도적으로 일정을 확인하고, 업무 진행 현황을 확인해야 업무가 마무리 될 수 있다.

업무가 마무리 되고 나면, 프로젝트에 참여한 사람들에게 골고루 공credit을 나눠 주어야 한다. 프로젝트를 시작할 때는 본인의 이름이 들어가는 것을 엄청 싫어하다가도 프로젝트가 끝났을 때 본인의 이름이 빠지면 엄청나게 서운해 하며 뒷북을 치는 사람들이 있다. 조금이라도 기여한 부분이 있는 사람에 대해서는 고마움을 표시해야 한다. 사람들은 골고루 공을 나누어 주는 사람과 계속 일하고 싶어 한다. 혼자만 공을 가져가는 사람은 당장은 좋을지 모르지만, 가까운 미래에 어느 누구도 함께 일하고 싶어 하지 않게 될 것이다. 출처는 분명하지 않지만, 늘 이기려 드는 사람 옆에는 패자loser만 남게 된다는 말을 들은 적이 있다. 섬뜩한 이야기지만 사실이다.

상대방에게 공을 나누어 주면 내게는 아무것도 오지 않을까 걱정할 필요는 없다. 아무도 몰라 주는 것 같지만, 공을 나누어 주는 사람 옆에는 사람이 모이게 마련이다. 다른 사람들도 부당하게 공을 가져가는 사람을 좋아하지 않는다.

콜라보를 통해 창의적인 아이디어와 혁신을 추구하는 것은 오늘날의 비즈니스 환경에서는 필연적이다. 협업이 가능하기 위해서는 상대방을 존중하면서 주도적으로 일을 추진해야 한다. 승승할 수 있는 부분을 찾아서 서로에게 공을 골고루 나누어 주는 문화를 만들어 간다면 창조적인 아이디어가 나오고 협업이 저절로 될 것이다.

커뮤니케이션 능력을 향상시키는 방법

커뮤니케이션을 잘해야 한다고 강조하지만, 뭘 어떻게 해야 할지 모르는 사람이 의외로 많다. 회사마다 커뮤니케이션 능력을 강조하고 있는데, 도대체 커뮤니케이션 능력을 향상시키려면 무엇을 해야 할까?

일방적인 이메일이나 통보는 충분한 커뮤니케이션이 되지 않는다. '공감대'가 형성되어야 제대로 커뮤니케이션을 한 것이다. 어떻게 보면 매우 단순하다. 상대방을 존중하면 되고, 한 마디로 서프라이즈를 없애면 된다. 회사에서는 서프라이즈가 별로 환영받지 못하는 경우가 많다.

회사에서는 싫어도 어쩔 수 없이 다른 사람들과 계속 부대끼며 일할 수밖에 없다. 가깝게는 동료, 보스, 팀원… 넓게는 다른 팀 사람들, 고객, 협력 업체 등 많은 사람과 함께 일해야 한다. 그렇게 많은 사람들과 '커뮤니케이션을 잘한다'는 말 자체가 어렵게 느껴질 수 있다.

"쟤는 도대체 커뮤니케이션을 하는 법이 없어!"라는 불평을 누군가에 대해 할 때, 그 이유는 서프라이즈가 있었을 때이다. 내가 당연히 알아야 하는 것을 몰랐을 때, 중요한 일을 내가 놓쳤을 때에도, 상대방이 알려주지 않았다고 생각하면 상대방이 커뮤니케이션을 하지 않았다고 생각하게 된다. 하다못해 소문이나 루머도 남들 다 알 때 나만 모르면 기분이 나쁜 법이다.

커뮤니케이션을 잘하려면 '무엇'을 '누구에게' '어디까지' '어느 시점에' 커뮤니케이션 할지를 잘 판단해야 한다. 예를 들어 매월 월간 리포트를 마련해야 한다고 가정해 보자. 1월에 대한 데이터를 2월 10일까지 취합해서, 특정한 포맷에 맞춰 2월 15일까지 리포트를 제출해야 할 수 있다. 한 달에 한번 작성하는 리포트라 익숙해지면 쉬워지겠지만, 월간 리포트는 대부분 중요한 정보를 담고 있는 문서일 확률이 높다. 내가 처음 하는 작업이 아니라면, 어느 정도 익숙해졌다고 생각되면, 아무도 그 과정을 신경 쓰지 않는 것처럼 보인다. 그러나 혹시라도 리포트가 늦어지거나 결과에 서프라이즈가 있으면 모든 사람이 하이에나처럼 물어뜯으려 드는 그런 업무일 수 있다.

'누구에게'를 생각해보면, 회사에는 다양한 이해 당사자가 있다. 이해 당사자란 내가 갖고 있는 정보를 필요로 하는 사람 및 이 정보와 어떤 방식으로든 관여하는 사람이다. 월간 리포트를 마련하기 위해 취합해야 할 데이터를 만드는 사람이 있다면 (재무부, 인사부, 영업 및 기타 부서) 이 모든 사람들이 이해 당사자라고 볼 수 있다. 한편 내가 리포트를 함께 만드는 사람들과 내 리포트를 필요로 하는 사람들이 (보스, 보스의 보스 그리고 다른 팀 보스들, 때로는 고객까지) 모두 이해 당사자이다.

중요한 것은 '어디까지' '어느 시점에' 커뮤니케이션하는가이다. 일단 2월 10일까지 데이터를 취합해야 한다는 일정을 모두 알고 있지만, 어느 누구도 독촉 없이 자료를 제공해 주는 사람은 없다. 내가 2월 15일까지 월간 리포트를 마련하기 위해서는 10일까지 데이터를 받아야 한다. 그 데이터를 제공해야 하는 사람들에게 정중하게 미리 독촉해야 한다. 10일까지 받아야 하는데 10일 오전에 독촉하는 것은 소용이 없다. 상대방에게도 시간을 주기 위해서 최소 2~3일 전 2월 7~8일경 정기적으로 "10일까지 자료 보내주시면 감사하겠습니다~"라고 이메일을 보내고 10일 오전에 한 번 더 보내야 한다. 이렇게 사전에 미리 커뮤니케이션해서 상대방에게도 미리 준비하도록 시간을 주면 "이 친구는 주도적으로 일하네?"라는 소리가 나오게 된다. 다만 독촉 이메일을 너무 많이 보내거나 보스를 참조해서 보내면 '이 친구는 자기 책임만 면하려고 하는구나?'라는 인상을 줄 수 있으니 주의해야 한다. 어떤 경우이건 상대방이 10일까지 자료를 주어야 하는 책임이 있으니, 나는 사전에 연락할 필요가 없다고 생각하면 큰 오산이다. 내 업무를 끝내기 위해 그 앞단과 뒷단을 모두 관리해야 내 업무를 완수할 수 있는 것이다.

일단 자료를 받으면 나의 보스에게는 간단하게 연락을 하는 것이 좋다. "이 자료를 받아서 리포트 작성중입니다. 15일까지 제공하도록 하겠습니다." 혹시라도 데이터를 10일보다 늦게 받았다면 나의 보스에게 "~ 이런 상황 때문에 약간 늦게 받았지만, 15일까지 리포트를 마련하도록 하겠습니다" 등 메시지를 보내야 한다. 도저히 날짜가 안 된다면 15일보다 늦어질 수 있다는 연락을 '미리' 해야 한다. 15일까지 기한인데, 15일 오전에 가서 "늦어질 것 같습니다" 얘기를 하는 것은 프로페셔널하지 못한 커뮤니케이션 방법이다. '미리' 커뮤니케이션을 해서 이해 당사자 중에 서프라이즈가 없어야 커뮤니케이션을 잘 하고 있는 것이라 볼 수 있다.

사안이 심각하거나 많이 지연되는 경우에는 나의 보스에게 즉시 업데이트를 하고, '이 내용을 알려야 할 다른 사람은 없는지' 확인하는 것이 좋다. 내가 일차적으로 판단을 하되, (내가 주니어라면) 나의 보스에게 한 번 더 확인할 필요가 있다. 특히 고객이나 협력 업체와의 커뮤니케이션은 내가 (주니어라면 더더욱) 모르는 부분이 있을 수 있기 때문에, 나의 보스와 상의를 하는 것이 좋다. 물론 보스와 상의하지 않아도 나 스스로 주도적으로 적절하게 커뮤니케이션 할 수 있다면 더욱 좋다.

참고로 회사에서는 follow-up이라는 말을 참 많이 쓴다. 무슨 업무가 있을 때 이에 대한 후속 조치를 적절히 취하라는 의미인데, "알아서 잘 follow-up해" 라는 식으로 보스가 말을 할 때, 그 후속 조치에 도대체 뭐가 포함된 것인지 알 수 없을 때가 많다. 예를 들어 고객과의 미팅이 다음 주 수요일로 정해졌다고 가정해 보자. 여기에서

follow-up에는 정말 많은 내용이 포함될 수 있다.

- 고객과 다른 참석자에게 미팅 초대장(이메일 일정) 보내기
- 고객과의 미팅 준비(고객과의 미팅의 성격에 따라, 고객 앞에서 프레젠테이션 할 내용을 준비하거나 회사 소개 자료를 갖고 가거나 여러 가지가 포함될 수 있다)
- 고객과의 미팅 장소 준비(고객이 우리 회사로 올 경우 우리 회사의 회의실을 미리 예약한다. 고객 쪽에서 미팅을 할 경우, 어디로 가면 될지 장소를 확인한다.)
- 고객과의 미팅 하루 전에 리마인더reminder를 보내서 미팅 일정을 재확인한다… 등.

Follow-up에는 이보다 더 많은 내용이 포함될 수도 있기 때문에, 스스로 생각하고 계획하는 습관을 들여야 한다. 도저히 모르겠을 때에는 보스와 미리 확인하는 것이 좋다. 결국 이 모든 내용을 나의 일정과 업무 리스트에 빼곡히 넣어 두어야 빠뜨리지 않고 업무를 잘 처리할 수 있게 된다. 이때 중요한 포인트는 '내가 보스라면 무엇을 어떻게 할까?'를 늘 생각해봐야 한다는 것이다. 나보다 윗사람의 생각의 흐름을 미리 연습하면, 누구보다 빨리 성장할 수 있게 된다.

커뮤니케이션을 잘 못하는 사람의 유형에도 여러 가지가 있다. 질문에 명확한 답을 안 하거나 동문서답을 하는 사람, 또는 불필요하게

짜증내는 사람이 있다. 예를 들어, "언제 공사를 진행할 예정인가요?" 라고 질문했을 때, "언제 공사를 할 예정입니다"라고 하면 될 것을, "어디에서 할 예정입니다"라고 엉뚱한 답을 말하는 사람이 의외로 많다. 관리 건물의 면적을 평방미터로 달라고 했는데, "XX평입니다"라고 답하는 사람도 있다. 질문을 제대로 읽지도 듣지도 않는 모양이다. "지난번에 보낸 이메일에 답을 했으니 참조하라"고 계속 핑퐁 하는 사람도 있다. 물론, 혹시라도 내가 지난번 이메일을 자세히 보지 않고 같은 질문을 되풀이했다면, 내가 불필요한 커뮤니케이션을 해서 상대방의 시간을 빼앗은 사람이 된다. 상대방도 나도 이메일을 제대로 읽어야 한다. 그러나 틀린 말은 아닐지 몰라도, "~가서 무엇을 찾아보라"는 식의 대답은 상대방의 편의를 고려하지 않은 답이다. 본인이 받은 이메일을 1주일 이상 깔고 앉아 있다가, 당장 내일까지 답을 달라고 남한테 요구하는 경우도 있다. 일 못하는 사람의 대표적인 유형이다. 어떤 사람은 "왜 이제 와서 그걸 물어보냐"고 오히려 화를 내는 사람도 있다.

아내가 화를 낼 때 남편이 늦게 들어오는 것 자체보다는 미리 연락하지 않았기 때문에 화가 난다는 말을 들은 적이 있다. 미리 연락하지 않는다는 것은 상대방을 존중하지 않는 것으로 간주될 수 있다. 회사 내에서 나에게 사전에 미리 연락하지 않는다는 것은 나를 '몰라도 되는 사람'이라고 간주하는 것일 수 있다. 업무를 개시하기 전에 서로 기대치가 같은지 확인하고, 예정대로 업무 수행하고, 이후에 업무 수행 결과를 커뮤니케이션 하면 될 일이지만, 이렇게 단순한 일을 잘하는 사람이 놀랍게도 흔치 않다.

외국계 회사에서는 커뮤니케이션이 더 어려울 때가 있다. 우리나라 보스들은 '윗사람이 아는 걸 내가 모를 때' 광분한다. 그런데 외국의 보스들은 '중요한 사안일수록 윗사람이 먼저 알아야 한다'고 생각한다. 이에 따라 커뮤니케이션의 순서가 뒤죽박죽이 되는 경우가 있다.

어떤 경우에도, 일단 나의 보스에게 먼저 커뮤니케이션 하는 것이 가장 무난하다. 나의 보스와 상의를 해서, 보스가 직접 자신의 보스에게 보고하거나, 내가 다른 사람들과 적절하게 커뮤니케이션을 하기로 하는 것이 가장 일반적인 경우이다.

인사, 재무, 또는 영업 등 회사 전반에 중요한 영향을 미치는 사안은 윗사람에게 먼저 보고가 되어야 할 경우가 있다. 한편 어떤 사안에 대해서는 알더라도 비밀을 지켜야 할 때가 있다. 입을 벌릴 때와 다물 때를 잘 아는 것도 커뮤니케이션의 중요한 부분이다.

회사에서 '커뮤니케이션' 능력을 강조하는 이유는, 사전에 커뮤니케이션 했다면 부드럽게 넘어갈 일이 예기치 못하게 엄청나게 큰 이슈가 되는 경우가 많기 때문이다. '무엇'을 '누구에게' '어디까지' '어느 시점에' 커뮤니케이션 할지를 잘 판단해보는 연습을 하자. 누군가에게 당혹스러운 서프라이즈가 되지 않도록 미리 예방할 수만 있으면 된다.

: 12 :

영업왕의 비밀

어느 대기업 부회장을 만났을 때, 영업에 뛰어난 사람들의 특성에 대해 얘기하다가 크게 웃은 적이 있다. 요점만 말하면 '불쌍해 보이는 놈'이 영업을 잘한다는 것이다. 고상하지 않은 단어로 표현해서 그렇지, '불쌍해 보이는 놈'에는 참 많은 내용이 포함되어 있다.

여기에서 '불쌍해 보인다'는 안쓰럽고, 왠지 도와주고 싶은 마음이 드는 사람을 의미한다. 정말 '불쌍'해서라기보다는 도움을 주고 싶은 마음을 불러일으키는 사람을 뜻한다. 결국 응원해 주고 싶은 사람이라는 의미로 해석할 수 있다.

어떤 사람을 응원하고 싶을까?

첫째, 본인이 하는 일에 열심인 사람이다. 스스로 열심히 하는 사람은 '잘 되면 좋겠다'는 마음이 생기게 한다. 요즘 블로그나 유튜브를 보면 챌린지나 도전이라는 말이 많이 눈에 띈다. 매일 본인의 투자 현황을 올린다거나 운동을 한다거나 다이어트를 하는 등 스스로 도전하는 사람들이 인기몰이를 한다. 도전한다는 것은 쉬운 게 아니기 때문에 다른 사람도 함께 응원하게 된다. 새벽부터 도서관에 와서 공부하는 사람이 합격하기를 응원하게 되고, 한결같이 남보다 열심히 일하는 사람이 승진하도록 응원하게 되는 것은 너무나 당연한 일이다.

둘째, 본인이 팔고 있는 제품이나 서비스에 대한 믿음을 갖고 있는 사람이다. 본인도 쓰지 않는 서비스를 남들이 써줄 리 없다. 어떤 사람은 '나는 영업 담당이 아니니까'라고 생각해서 그런지, 본인의 회사 제품에 대해서도 과도하게 객관적이다. 어떤 사람은 "제품이 별로예요. 쓰지 마세요" 하는 사람까지 있다. 그런 제품은 절대 사지 말아야 할 리스트에 올라가게 된다. 한편 본인이 다니는 회사 제품을 은근하지만 적극적으로 영업하는 사람도 있다. 진정성이 있다고 믿어지면 그 제품을 한 번쯤 사 보고 싶게 된다.

셋째, 다른 사람에게 도움이 되는 사람이다. 이 세상은 혼자 사는 세상이 아니다. 누군가에게 영업을 한다는 의미는 상대방이 무언가를 사줘야 한다는 것이다. 나 혼자 잘해서 되는 일이 아니다. 나 혼자 열심히 한다고 누군가가 나의 제품이나 서비스를 사는 것은 아니다. 상대방이 사고 싶어야 하는 것이다. 상대방이 사고 싶게 만들어야 한다. 상대방은 나의 제품이나 서비스가 상대방에게 도움이 되어야 구매를 결정한다. 혹은 상대방에게 다른 도움이 되기 때문에, 이 제품이라도 사서 보답하고 싶을 경우도 있다. 상대방이 필요할 때 도움을 주면, 대부분의 사람들은 기회가 될 때 보답하고 싶어 한다. 상대방에게 필요한 도움을 많이 주면, 영업을 잘하게 될 수밖에 없다.

넷째, 겸손한 사람이다. 매사에 겸손하고 스스로를 지속적으로 개선하고자 하는 사람을 열심히 응원하게 된다. 한편 잘난 사람들은 주위에서 알아서 깎아내려 준다. '내가 도와주지 않아도 알아서 잘하겠지' 생각하게 된다. 적이 많은 사람은 작은 실수도 해서는 안 된다. 평소에 고깝게 보던 사람들이 용납하지 않기 때문이다. 잘난 척하는 사람의 작은 실수는 모두가 잘근잘근 씹고 싶은 껌이 된다. 풍선껌처럼 부풀려져서, 작은 실수가 어느새 용납할 수 없는 큰 실수가 되는 경우가 많다. 그때에도 사람들은 '내가 도와주지 않아도 알아서 잘하겠지' 생각하게 된다. 한편, 겸손하고 응원하고 싶은 사람은 웬만한 실수를 해도 주변에서 감싸주고 덮어 주려는 에너지가 커진다.

다섯째, 함께 일하기 좋은 사람이어야 한다. 아무리 도와주고 싶어도 도와주기 어려우면, 도울 수가 없다. 쉽게 도울 수 있도록 편의를 제공할 수 있어야 한다. 은행 직원의 부탁을 받고 어떤 계좌를 개설하고자 했는데, 시스템이 너무 복잡해서 포기하고 싶을 때가 있다.

카드사 직원의 부탁을 받고 카드를 개설했는데, 약속 받은 혜택을 활용하기가 너무 까다로우면 '괜히 카드를 개설했나' 짜증이 나게 된다. 제품이나 서비스를 파는 데에서 끝나지 않고, 고객이 어떤 과정을 거쳐서 그 제품이나 서비스를 사용하게 되는지 미리 알고 알려 주어야 한다. 컨설팅 서비스의 경우에도, 앞단에 "~ 이런 부분은 가능하고, ~ 이런 부분은 어렵습니다"를 명확히 해주면 고객 입장에서 기대치를 조율할 수 있게 되고, 추후에 서로 기대치가 달라서 당황하는 일이 적게 된다. 추후에 어떤 일이 벌어질지에 대한 안내가 전혀 없으면, 더 이상 함께 일하고 싶지 않게 된다.

마지막으로 상대방에게 미안한 마음이 들게 하는 사람이다. 뭔가 신세진 듯한 사람에게는 부탁을 거절하기가 힘들어진다. 독특한 방법으로 영업하는 사람에 대해 들은 적이 있다. 이 사람은 새벽에 수산시장에 가서 생태 두세 마리를 사서 고객의 집앞에 가서 기다린다. 당시에는 아침에 일어나면 신문부터 갖고 들어오는 것이 습관이었던 시절이었다. 새벽 6시 정도에 신문 가져오려고 문을 열었는데, 어떤 사람이 생태를 들고 서 있는 모습을 보면 기절초풍 하게 마련이다. 그러나 생선 몇 마리만 주고 가버리는 사람이 기억에 남지 않을 리는 없다. 생태 몇 마리를 뇌물이라고 안 받기도 뭐하고, 새벽에 수산시장 다녀와서 내가 일어날 때까지 기다려준 사람에게 미안한 마음이 생기지 않을 수 없었을 것이다.

요즘 세상에 이런 방법을 썼다가는 아파트 보안 경비한테 일단 걸릴 것이고, 신문도 안 보는 요즘 세대에 가족들이 먼저 만난다면 웬 스토커인가 신고할 수도 있다. 나라면 절대 하지 못했을 일이고, 요즘 시대에 권할 만한 방법도 아니다. 그러나 상대방에게 미안한 마음이 들게 하는 이런 방법이 영업에 도움이 되지 않았을 리는 없을 것이라고 생각한다.

젊은 직원들과 얘기를 하다 보면, '영업하기 싫어서' 영업 안 해도 되는 역할을 하고 싶다는 말을 하는 경우가 많다. 그런 말을 들을 때에는, 커리어에 대한 야망이 어디까지인지 꼭 물어본다. 차부장 급이나 그 이상 승진하고 싶은 야심이 전혀 없는 사람이라면 상관없다. 그러나 어느 회사 어느 직급으로 가도, 위로 갈수록 결국엔 영업이 필요하다. 어떤 회사에서는 사원 대리부터 영업을 해야 하고, 아무리 늦어도 차장 때에는 영업을 안 할 수가 없게 된다. 회사는 영리 단체이기 때문에 결국에는 매출과 수익을 높이기 위해 최대한 많은 직원이 영업을 해야 하는 구조가 된다. 어떤 업무를 하건, 회사에서 차부장 급 이상 위치에 오르게 되면 궁극적으로 회사의 매출을 높이고 비용을 적절하게 줄여서 회사의 이윤을 확보할 수 있도록 고민하게 된다. 재무팀은 말할 것도 없고, 인사팀도 예외는 아니다. 비용만 줄여서는 회사가 유지될 수 없기 때문에, 매출을 지속적으로 높여야 하고, 이는 결국 영업을 해야 한다는 의미로 귀결된다.

차부장 급 이상의 커리어를 가져가고자 하는 사람이라면, 영업을 피하지 않는 게 좋다. 본인이 사원 대리 급이라 하더라도 보스가 어떤 영업을 위해 동분서주하고 있는지 관찰하자. 본인이 영업에 도움이 될 부분이 있는지, 보스의 영업에 대한 고민을 함께 해보자. 아직은 영업이 성과로 이어지지는 않겠지만, 혹시라도 영업이 성사된다면 금상첨화이다. 다른 직원보다 훨씬 빨리 성장할 수밖에 없다.

직장이건 사업이건 성공하려면, 영업을 안 할 수는 없다. 일찍부터 영업은 꼭 해야 한다는 것을 잊지 말자. 영업을 피하기보다는 영업에 뛰어들자. '불쌍해 보이는 놈'까지는 아니더라도, 내가 하는 일을 열심히 하고, 내가 팔고 있는 제품이나 서비스에 대한 믿음을 갖고, 겸손하게 다른 사람에게 미안한 마음이 들 만큼 도움이 되고, 고객이 별 불편 없이 매매를 할 수 있도록 신경 써 준다면, 상대방도 나를 돕기 위해 최선의 방법을 찾을 것이다.

또라이 총량의 법칙

나는 뒤끝 없는 사람을 좋아하지 않는다. 뒤끝 없는 사람은 본인은 뒤끝이 없을지 몰라도, 남에게 뒤끝을 남기기 때문이다. 뒤끝 없는 사람은 본인의 기분에 따라 분통을 터뜨리기 때문에, 주변 사람은 상처를 받고 뒤끝이 남게 된다. 어이없게도 상처 받은 사람만 뒤끝 작렬이라는 오명을 쓰게 된다.

시점을 바꾸고 상대방의 입장에서 생각해보고, 심지어 상대방이 '아프다'라고 생각해 봐도, 도저히 납득할 수 없고 나에게 상처만 남기는 사람이 있다. 그런 사람은 과감하게 버려야 한다. 그런 사람은 나의 멘탈이 치유될 때까지 안 봐도 된다. 나의 멘탈을 지키는 것이 더 중요하다.

또라이 총량의 법칙이란 게 있다. 어디를 가건 또라이는 있게 마련이다. 하루도 빠짐없이 진상 고객과 갑질에 대한 얘기가 들리는 것을 보면 또라이 총량의 법칙이 정말 있는 모양이다. 몇 년 전에는

Gapjil갑질이라는 단어가 뉴욕 타임즈에도 등장했다. 뉴욕 타임즈에서 다룬 내용은 주로 Chaebol재벌에 대한 것이었지만, 갑질 문화는 재벌에만 국한된 것이나 연세가 많은 분들에게만 국한된 것은 아니다. 웃어야 할지 울어야 할지 모르겠지만, 한글의 위상이 국제무대에서 높아진 것인지, '갑질' '재벌' 이런 단어가 모두 한글 그대로 표기되었다.

회사가 '갑'사여서, 직급이 높아서, 나이가 많아서, 목소리가 커서… 등 여러 이유로 본인이 갑이라고 생각하는 사람들을 보면 정말 놀랍다. 지위 높고 누가 봐도 자신감이 많을 것 같은 사람이 길거리에서, 상점에서, 택시에서 큰 소리를 내면 해결되는 줄 알고 덤비는 경우를 보면, '웬 자격지심이지?' 싶을 때가 많다. 심지어 대리 승진한 젊은 친구가 사원들 앞에서 거드름을 피웠다는 얘기를 듣고 헛웃음이 나온 적이 있다. 우리 회사도 소위 '을'사인데, 우리의 '병'사에 갑질하는 사람이 있다는 얘기를 들었을 때도 어이가 없었다. 우리가 '갑'사로부터 정중하고 합리적인 대우를 받기를 원하는 것처럼, 우리도 '병'사에 똑같이 존중해줘야 하는 것은 당연한 이치인데, 오히려 그 반대로 갑질 당한 사람이 갑질을 더한다는 소문도 있다. 현재 '갑'의 위치에 있다고 해도, 그 회사, 그 팀, 그 역할을 평생 누리는 사람은 없다.

더구나 요즘 젊은 세대들은 개인주의 성향이 강하다. 워라밸work-life balance이 중요하고, 개인 시간이 중요한 세대이다. 옛날처럼 팀원을 야단치고 기분 풀어준다고 저녁에 소주 한잔하자고 하는 것은, 이중으로 젊은 세대를 힘들게 하는 것이다. 낮에 야단맞은 것도 짜증나는데 편하지 않은 사람과 저녁까지 (소중한 개인 시간을 할애하여) 함께 해야 하는 것은 곤욕이다. 이런 친구들에게 회사에서 "야" "너" 하는 사람이 아직도 많고, 머리를 툭 친다거나 남의 팔다리 어딘가를 슬쩍 건드리는 행위를 '친근함의 표현'(?)이라고 생각하는 사람들이 아직도 있다. 이 친근한 표현이 상대방에게는 소름 끼치는 일일 수 있다는 생각을 못한다는 것은 인간에 대한 이해가 낮은 것인지 다른 사람의 감정에 무지한 것인지 도대체 알 수가 없다. 나의 친근함의 표현이 '친근'하게 느껴지는 경우는 상대방도 친근하게 받아들일 때뿐이다.

또라이에도 여러 유형이 있다. 사전적으로는 '생각이 모자라고 행동이 어리석은 사람'을 또라이라고 한다는데, 우리가 일반적으로 불평하는 또라이는 '진상'('꼴불견인 사람')을 의미한다. 예를 들어 독특한 사람이나 남들에게 특별히 피해주지 않는 사람을 또라이라고 부르기도 하지만, 이런 사람들은 그 독특함의 성질에 따라 유쾌한 사람일 수도 있다. 이런 사람이 하필 나의 보스여서 또라이 같은 일만 나에게 주지 않는다면 특별히 문제가 되지 않는다.

어디서나 문제가 되는 것은 진상 또라이이다. "나 이런 사람이야"(어떤 사람인데?)라고 외치며 임금님 대접을 받기를 기대하는 스타일, 다른 사람은 안중에도 없고 나만 소중한 안하무인 스타일, 불필요하게 화를 내고 소리 지르면 해결이 된다고 생각하는 스타일 (분노 조절 장애나 성격 파탄이라고 불린다), 감정 기복이 너무 심해서 (좋았다 싫었다를 반복) 어느 장단에 춤을 추어야 할지 알 수 없는 스타일, 그냥 무례한 스타일… 등 세상에는 정말 많은 진상이 있다. 이런 진상들은 다른 사람이 업무에 신경을 쓸 시간에 진상 또라이의 기분을 살피게 만들고, 다른 사람의 성과를 떨어뜨리며, 결국 '더러워서 못 해먹겠다' 생각하게 만든다.

길에서 만난 또라이는 신고하면 되겠지만, 회사에서 또라이를 만나면 어떻게 해야 할까?

직장 상사인데 내가 참을 수 있는 한계를 넘어서는 또라이라면 회사를 바꿔도 좋다. (혹시라도 "구관이 명관이야" 이런 소리 할 거면 그냥 버티는 게 낫다.) 나를 그렇게까지 힘들게 하는 진상이라면 포기해도 된다. 상대방 입장에서 생각해 보라고 해서 무조건 상대방만 생각하고 참으라는 얘기는 아니다. 나의 멘탈을 지키는 것이 더 중요하다. 한순간도 참을 수 없는 또라이와 매시간 함께 일해야 한다면, 회사를 바꿔도 된다.

물론 도저히 그만둘 수 없는 상황이 있고 (나의 고등학교 시절이 그랬다), 그런 경우가 가장 힘들다. 그런 경우도 대부분 1년 이상 참아야 하는 경우는 많지 않다. 그러나 도저히 참을 수 없는 경우에는 내 멘탈을 지키기 위한 해결책을 찾아야 한다. 고등학교 어느 선생님은 자꾸 내 친구를 아무도 없는 교실로 불러다가 끌어안고 이쁘다 이쁘다 했다고 한다. 요즘 같으면 이런 행위가 '범죄'라는 사실을 인지하고 신고라도 할 수 있겠지만 (혹시 요즘도 신고 못하는 경우가 많을까 봐 걱정이다) 그 친구는 그런 끔찍한 경험에 대해 싫다고 표현하지 못했고 친구들에게도 말하지 못했다. 우린 공부 잘하던 애가 왜 불량 청소년처럼 자퇴를 하는지 이해가 안 갔다. 너무 늦게 알아서 미안했고, 우리가 아무것도 해준 게 없어서 미안했다. 다행히 공부를 잘하던 친구라 그런지 검정고시를 통해서 좋은 대학을 갔다고 들었지만, 그 친구에게 평생의 상처로 남지 않았을까 싶다. 그 시절만 해도 고등학교 자퇴는 인생에 스크래치가 나는 일이라고 생각했는데, 내 친구가 그런 진상 또라이에게서 벗어나기 위해 큰 용기를 냈다는 것이 자랑스럽다.

한순간도 참을 수 없는 진상이라면 당장 해결책을 찾아야 하겠지만, 혹시 1~3년 정도 참을 수 있는 수준의 진상 또라이라면, 참는 것도 방법이다. 어떤 어려움도 3년 이상 계속되는 경우는 흔치 않다. 똑같은 진상을 3년 이상 봐야 하는 상황은 거의 없으니, 조금만 참으면 이 시기도 지나가 버리고, '잘 참았다…' 생각하는 시기가 올 확률도 있다. 나도 진상 보스를 참지 못하고 회사를 그만둔 적이 있는데, 1년도 안 되어 그 보스가 짤렸다는 얘기를 듣고 (그 사람이 많이 이상하긴 했다…) '조금만 참을 걸 그랬나?' 생각한 적도 있다.

내가 혹시라도 진상 짓을 한 것 같다면… 한 가지 잊지 말아야 할 것이 있다. 나의 멘탈이 중요한 만큼 상대방의 멘탈도 중요하다는 사실이다. 나의 멘탈을 존중 받고 싶은 것만큼 상대방의 멘탈도 존중해 주어야 한다. 자신이 진상이라고 생각하며 진상 짓을 하는 사람은 많지 않다. 대부분 '나 정도면 양반이지…' 생각하는 사람이 많다. 그래서 진상 문제가 도대체 해결이 안 된다. 내가 소리 지를 때, '상대방이 내게 소리를 질러도 괜찮은지' 생각해 보자. 만약 어떤 이유에서건 (내가 나이가 많거나 직급이 높거나… 등) '나는 소리 질러도 되지만, 상대방이 지르면 안 된다' 생각한다면 내가 진상일 확률이 100%이다.

어디를 가나 또라이는 있다. 여우 피하려다 범을 만난다고, 또라이를 피해도 또 다른 더 심한 또라이를 만나는 경우도 많다. 우선 시점을 바꿔서 상대방의 입장에서도 생각해보자. 1~3년까지 버텨보자. 그 이상 오래 걸리는 시련은 거의 없다는 확률 게임을 믿어 보자. 그러나 나의 멘탈이 도저히 감당할 수 없는 진상 또라이라면 과감하게 버리자. 나의 멘탈을 지키는 것이 더 중요하다. 단, 다른 사람의 멘탈도 중요하니, 제발 내가 진상이 되지는 말자.

외국계 회사에 대해 궁금하다면

한국에 있는 직장을 다니는 사람일수록 외국계 회사에 대한 환상을 갖고 있는 것 같다. 그러나 한국에 들어와 있는 많은 외국계 회사는 사실 외국 본사의 컨트롤이 추가된 한국 회사일 뿐이다. 외국계 회사에 다니는 사람들은 '외국 본사의 간섭이 많아서 한국과 외국 기업의 단점만 많다'고 생각하는 경우가 있는 반면, 외국계 회사에 다니지 않는 사람 눈에는 외국 본사의 긍정적일 수 있는 영향이 좋게 보일 수도 있다.

외국계 기업의 장점

인기 있는 외국계 기업의 가장 큰 장점은 '일하기 좋은 기업'이 되기 위해 노력한다는 데 있다. 외국에서는 직원들이 '일하기 좋은 기업Best Companies to Work For'을 선정하는 관행이 오랫동안 자리 잡은 듯하다. 순위가 높은 기업들은 직원 고용할 때 회사를 어필하는 도구로 이 순위를 적극적으로 활용한다. 회사가 '일하기 좋은 기업'이 되고자 노력하는 과정에서, 직원들이 회사에 대해 좋게 평가하도록 엄청나게 노력을 한다. 직원들의 회사에 대한 평가가 좋지 않으면 리더십 부재를 의심하기도 한다.

'일하기 좋은 기업'이 되려다 보니, 직원의 불평에 더 예민하게 반응하게 될 수밖에 없다. 특히 컴플라이언스(준법) 문제에 해당되는 직장 내 괴롭힘, 성희롱 등 이슈를 해결하는 데 매우 적극적이다. 물론 직원들의 입장에서는 그 해결 속도가 만족스럽지 않을 수는 있다. 그러나 컴플라이언스가 문제되면 (사실로 밝혀지면) 가해자는 회사의 대표나 임원이라 하더라도 1~2주 내에 해고되기도 하는 것을 보면, 좋은 회사라는 생각이 든다.

직원들이 회사에 대해 좋게 평가 하도록 사무실 환경도 개선하고, 직원 평가도 공정하게 하려 노력하게 되고, 직원들의 성장을 지원하게 된다.

외국계 기업의 단점

외국 본사의 통제가 심할수록 한 마디로 충충시하이다. 매트릭스 조직이라고 거창하게 말하지만, 직원들 입장에서는 한국의 보스와 외국의 보스 모두의 눈치를 봐야 하는 피곤한 조직이다. 더구나 고객마저 외국계 회사인 경우에는, 한국에 있는 고객과 외국에 있는 고객까지 신경 써야 할 수 있다. 이런 경우 한국 보스, 외국 보스, 한국 고객, 외국 고객 등 최소 네 그룹의 어르신을 모셔야 하는 상황이라서, 다양한 관계를 관리하는 것이 가장 중요한 능력이 된다.

외국계 기업의 성과 평가 체계

일단 호봉제가 아닌 경우가 대부분이다. 일정 기간을 근무했다고 해서 승진을 시키는 일은 거의 없다. 승진을 하기 위해서는 기대 이상의 성과를 보였거나 업무 확대가 있었거나 둘 중 하나이다. 나의 경우에도, 2~3년 일한 사원을 대리 승진시키기 위해서 외국에 있는 보스와 1시간 동안 싸운 적도 있다. 그만큼 일정 기간 후에 '당연히' 승진하는 것이 어려울 수 있다.

일반적으로 성과 평가를 1~5점으로 하는데, 실질적으로는 2~4점을 받는 경우가 99%이다.

- 5점은 현실적으로 받아본 적도 누가 받았다고 들어본 적도 없는 높은 점수이다. 성과에 대한 기대를 월등히 초과했을 때 받을 수 있는 점수이다. 상대평가보다는 절대평가에 가까운 점수

체계이기 때문에, 1등을 해도 5점이 되지는 않는다.

- 4점은 실적을 초과 달성했을 때. 예를 들어, 매출을 1억 달성하기로 했는데 2억을 달성한 경우 등을 의미한다. (다시 말해서, 매출을 200% 달성해도 5점은 아니다.)

- 3점은 기대 실적을 무난하게 달성했을 때. 100~120% 정도 성과는 (4점이 아니라) 3점을 받을 확률이 높다. 실적에 대한 목표가 100이라고 가정할 때 100~120 정도는 해야 한다고 애초에 기대하기 때문이다.

- 2점은 실적 미달인 경우. 올해 2점을 받았다면 내년에는 최소 3점으로 점수를 올리려는 노력을 해야 한다. 2~3년 연속 2점인 직원은 회사에서 매우 위태로운 상황이라고 이해하면 된다.

- 한편 1점은 실적이 상당히 못 미칠 뿐 아니라 현실에서는 인성이나 태도에도 심각한 문제가 있을 경우이다. 지금 바로 해고된다고 해도 이상하지 않은 점수이다. 당장 다른 회사를 알아봐야 한다. 직장 생활을 계속하고 싶다면 왜 그런 평가를 받았는지 심각하게 고민해 봐야 한다.

성과 평가를 하는 항목은 5~10가지 정도 되는데, 30~50% 정도는 금전적인 성과(매출, 수익 등)이고, 나머지는 조직 관리나 프로세스나 인성 등을 평가하게 된다. 참고로, 지위가 높아질수록 금전적인 성과가 차지하는 비중이 50~80%로 높아진다.

외국계 기업에서 고려하는 '금전적인' 성과를 이해하기 위해서는, 고객으로부터 벌어들이는 금액과 내 급여를 비교하면 된다. 한 마디로 말해서 내 월급의 2~3배 이상은 고객으로부터의 매출이 나와야 한다. 내 급여가 한 달에 100만 원이라면 '내가 기여해서' 고객으로부터 벌어들이는 매출이 매달 200~300만 원은 되어야 한다는 의미이다.

직원의 급여가 100만 원이면, 회사에서 그 직원을 위해 쓰는 돈은 그보다 훨씬 크게 마련이기 때문이다. 회사에서 하는 직원을 위한 이벤트, 교육, 회사 운영을 위해 꼭 필요하지만 직접적으로 수익을 창출하지는 않는 부서들 관련 비용, 사무실 임대료 등 모든 비용은 결국 회사에서 부담해야 할 비용에 포함된다. 회사 전체의 비용을 직원 수로 나누면 (물론 급여에 따라 가중 평균하겠지만) 대략 한 사람당 어느 정도 벌어야 하는지가 나온다. 대략적으로 모든 직원이 자신의 급여의 2~3배는 매출을 만들어 낼 수 있어야 회사 운영을 유지할 수 있게 된다.

외국계 기업은 대부분 각 부서나 팀 단위로 수익을 계산한다. 개별 팀에서 직접 사용하는 비용과 회사에서 간접적으로 사용하는 비용을 팀 별로 할당 받아서, 그 모든 비용이 팀 단위의 비용으로 계산된다. 팀 단위로 매출이 많아도 팀 단위로 사용된 비용이 커지면, 결국 해당 팀의 보너스에도 영향을 받게 되어 있다. 팀의 수익과 비용을 팀에서 관리하게 되니, 유휴 인력이 생기기 어렵다. 한 명이 한 명의 역할만 해서는 생산성이 높다고 인정되지 않는 구조이고, 팀 차원에서 수익이 날 만한 상황이어야 충원을 하게 된다. 그러다 보니 모두가 본인이 할 수 있는 100% 이상을 해야 하는 분위기가 된다.

외국계 회사의 성과 체계는 철저하게 금전적인 성과를 중심으로 한다. 한 마디로 헛돈을 쓸 구멍이 없다. 우리나라에서는 "내 돈을 쓰듯 회사 돈을 관리하라"고 하는데, 실제로 외국계 회사에서는 "내 돈이라면 썼을 것을" 못 쓰는 경우가 더 많다. 성과 체계에서도 당연하게 철저한 비용 관리가 반영될 수밖에 없다.

외국계 기업에서는 '회식'에 대한 인식이 다르다

외국계 기업에서는 회식비에 대해 꼭 필요한 경우 외에는 불필요한 비용으로 인식한다. 당연히 회식이 많지 않다. 회식이 잦으면 피할 궁리를 하게 되는데, 회식이 없으면 회식을 원하는 직원이 생긴다. 어쩌다 으쌰으쌰 팀빌딩 기회가 생기면 소풍 가는 것처럼 반기는 직원도 생겨난다. 그래도 서양 국가에 비해 우리나라는 직원 회식이 많은 편이다. 가깝고도 먼 나라 일본의 경우에도 우리나라만큼 회식이 잦지는 않다고 들었다.

우리나라의 판관비 개념처럼 법인카드를 "적게 쓰면 내년 예산이 줄어든다" 등의 개념이 아니다. 법인카드 비용은 팀의 비용으로 인식되고, 팀의 수익을 책임지고 있는 팀장의 비용인 셈이다. 팀의 수익에 따라 팀장을 포함한 팀의 성과 및 보너스가 결정되는 구조이다 보니, 법인카드를 허투루 쓸 수가 없게 된다.

또한 회식은 회사 업무의 연장이라고 생각해서, 프로페셔널한 모습으로 유쾌한 시간을 보내면서 서로 관계를 돈독히 하는데 의의를 둔다. 과음으로 이성의 끈을 놓는 사람에 대해서는 신뢰하기 어려운 사람으로 인식될 수 있다. 특히 지위가 높은 사람이 말이나 행동에 있어서 술 먹고 실수를 하게 될 경우 치명적인 결과로 이어질 수 있다. 회식은 '공짜 술을 많이 마실 기회'가 아니고, 동료들과 '모두에게' 유쾌한 시간을 보낼 기회인 것이다.

비용 관리에 있어서 투명성이 매우 중요한 것은 한국 기업도 마찬가지일 것이다. 다만 '한국적인 관행'보다는 '업무 성과'에 직접적인 관련이 있어야 비용을 쓸 수 있게 된다.

싱가포르와 홍콩 보스의 시점

외국계 기업에서 일할 경우, 같은 회사 내 다른 나라에서 일할 기회가 있는지 궁금해 하는 직원들이 있다. 매우 드물기는 하지만 불가능한 일은 아니다. 외국계 기업에서 전 세계를 관리하는 글로벌global 역할이나 여러 나라를 관리하는 리전regional 역할을 하고 싶다면, 글로벌이나 리전 리더들의 시점에 대해 약간이라도 이해하는 것이 도움이 될 것이다.

　우선 외국계 회사가 속해 있는 다국적 기업에서는 전 세계를 미대륙과 유럽, 아시아로 구분하는 경우가 많다. 아프리카의 경우 지사가 많지 않아서 유럽 쪽에서 관리하는 경우가 많고, 두바이 등 중동 국가는 매출 규모나 내부 조직 구조에 따라 유럽 또는 아시아 쪽에서 관리하게 된다.

　아시아권에 속하는 나라들을 일반적으로 홍콩이나 싱가포르 쪽에 아시아 본부를 두고 관리하는 경우가 많다. 과거에는 홍콩 쪽에서 관리하는 경우가 많았는데, 홍콩 내 시위가 격해지자 홍콩보다는 싱가포르/말레이시아에서 직접 관리하는 경우가 많아지고 있는 추세로 보인다.

　미국이나 유럽계 다국적 기업의 아시아 본부에는 영국 등 유럽에서 온 사람들도 있지만 (간혹 미국에서 온 사람도 있다) 상대적으로 호주나 뉴질랜드에서 온 사람들이 리더가 되는 경우가 많다. 아시아 본부인데 대부분 서양 사람들이 리더가 된다는 사실은 안타까운 현실이다.

　아시아 본부에 있는 리더들은 의외로 주 40시간 근무가 매우 어려운 역할이다. 아시아 본부에서 높아질수록 미국과 유럽 회의에 (화상 회의로) 참석해야 하는 경우가 많아지므로, 새벽 또는 밤 늦게까지 회의가 잡히는 경우가 많아진다. 코로나 이전에는 관리하는 국가를 직접 방문하는 경우도 많았다. 1년에 반 이상을 호텔에서 자는 일도 많았다. 짧은 방문 기간 동안에, 평소에 이메일과 전화 통화만으로 파악하기 어려운 속내를 파악하고 싶은데 이 또한 녹록지 않다. 해외 출장도 하루 이틀이지… 이런 생활을 10년 넘게 한다는 것은 별로 부러운 삶이 아니다. 출장 중에도 아시아 리더십 콜에는 지속적으로 참석해야 한다.

어떻게 보면 아시아 리전의 리더들도 우리나라의 중간 관리자와 유사한 부분이 많다. 미국이나 유럽에 있는 빅보스Big boss의 눈치도 봐야 하고 각국에 있는 직원들도 잘 관리해야 한다. 관리하는 국가가 많을수록 통제하기는 어려운데, 어떻게든 관리를 해야 하고 책임도 져야 하는 역할이다. 관리하고 있는 각 나라에서 실적을 잘 맞춰 주어야 아시아 전체적인 실적을 맞출 수 있게 된다. 물론 본인이 책임지기보다는 각 나라에 있는 현지의 리더를 갈아치우는 방법으로 문제를 해결하는 경우도 있다. 그러나 회사 전체적인 조직 개편이 있을 경우에는 아시아 본부의 리더들을 포함하여 어느 누구도 자유롭지 않은 게 리더의 목숨이다.

아시아 본부의 리더들은 각 국가의 기대치도, 빅보스의 기대치도 부담스럽다. 여러 나라의 실적을 잘 관리해서 괄목할 만한 성과를 미국과 유럽의 빅보스들에게 보여주어야 하므로, 전략, 표준화, 효율화 등 업무를 골고루 해야 한다. 여러 국가의 사정에 대해 정확하게 파악하기도 힘든데, 각국에서 문제가 발생하면 뛰어들어서 해결해야 하고, 아시아 본부의 표준을 각국에 내려서 적용하도록 해야 한다.

아시아 본부에 있다고 해서 모든 것을 다 아는 것은 아닌데, 모른다고 말하기도 어렵다. 각 나라를 알아서 멋대로 일하도록 내버려 둘 수도 없다. 관리가 안 된다는 이미지는 주기 싫으므로, 죽으나 사나 잘 '관리'해야 한다.

그러므로 아시아 본부에서 요청한 사항들에 대해 잘 따라주고 적절하게 실적을 관리해주고 큰 물의를 일으키지 않는 나라가 가장 고마울 수밖에 없다.

각 나라의 불평을 잠재우는 일도 쉽지 않다. 각국에서는 흔히 "해외에서는 우리나라 실정을 몰라 준다"라고 불평한다. 현지 사정을 잘 모르니 간섭하지 않았으면 한다. 본부에서 사람이 온다고 하면 무조건 귀찮아하고 피하는 경우도 많다. 또 어떤 부분에서는 아시아 본부에서 세세한 부분까지 가이드를 해 주기를 기대한다. '그러라고 본부가 있는 것 아니냐'고 생각한다.

아시아 리더들의 역할은, 각국에서 보면 '별로 하는 게 없는 듯한' 역할이지만, 나름 스트레스가 많은 역할이다. 아시아 본부 리더들처럼 다양한 관계를 관리해야 하는 역할도 없다. 층층시하도 그런 층층시하가 없다. 본사에 있는 빅보스, 아시아 본부에 있는 여러 보스, 각국에 있는 리더들, 거기에 다양한 고객까지 매 시간 곡예를 하듯 긴밀하고 적절하게 커뮤니케이션 하면서 성과를 만들어 내야 하는 역할이다.

리전 역할을 해 보고 싶은 사람이라면 다양한 역할과 관계를 동시에 잘 관리할 줄 아는 능력이 꼭 필요하다. 제한적인 정보로 전체 그림을 그릴 수 있는 상상력도 있어야 한다. 각국의 다양한 역할뿐 아니라 아시아 리더들의 입장도 잘 이해하게 되면 외국계 기업에서 성장할 확률이 높아질 것이다.

chapter 4

미리 준비하자

리더의 시점

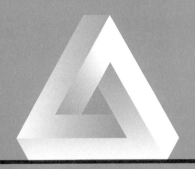

MZ세대가 따르는 리더가 되려면

MZ세대는 이전 세대와 다르다고 한다. 80년대나 90년대에서 2000년대 초반에 출생한 (밀레니얼 세대와 제트 세대를 합친) 세대를 MZ세대라고 한다는데, 그 이전의 베이비붐 세대나 X세대 (70년대까지 출생한 세대)와는 완전히 다르다고 한다. 《90년대생이 온다》라는 책의 저자 임홍택은 MZ세대는 '간단하거나, 재미있거나, 정직한' 것을 좋아하는 특징이 있다고 한다. '별다줄' (별걸 다 줄이는) 줄임말로 기성세대가 알아듣지 못할 만큼 '간단'하게 표현하는 것을 좋아하고, "80년대생 이전 세대들이 소위 '삶의 목적'을 추구했다면, 90년대생들은 '삶의 유희'를 추구"하며, "정치, 사회, 경제 모든 분야에서 완전무결한 정직을 요구"한다고 한다.

내가 본 MZ세대도 본인이 원하는 것에 대해 솔직하게 표현하는 것이 인상 깊었다. 나의 세대에서는 퇴근 시간 이후 회식을 안 가려면, 누가 죽었거나 ("상갓집에 가야 해서요.") 누가 죽어가거나 ("할아버지가 갑자기 위독하셔서요.") 아니면 누가 태어났거나 ("어머니 생신이어서요."), 하여튼 생사와 관련 있는 이유가 있어야 했다. 한편 요즘에는 "선약이 있어서요"와 같은 좀 더 가벼운 이유로 회식을 못 간다고 할 수 있다. TV에 나온 연예인이 이전 직장 생활의 고충을 말하며, "사실은 지하철과 선약이 있었다"고 해서 웃은 적이 있다.

분명히 MZ세대 젊은 팀원들은 그 이전 세대인 우리와 다른 환경에서 자란 세대이기는 하다. 그렇지만 과연 우리 세대와 그렇게 많이 다른 것일까? 생각해보면 나의 세대도 그 이전 세대와는 또 달랐다. 우리도 "요즘 애들은…"이라는 말을 많이 들었다. 삶의 유희나 완전 무결한 정직까지는 몰라도, 베이비붐이나 X세대도 워라밸을 원했고 공정한 처우를 원했다.

MZ세대만 워라밸을 원하고 본인의 성장을 원하는 것이 아니다. 워라밸이라는 말이 없었을 뿐이지 MZ세대 이전의 세대도 워라밸을 원했다. 저녁 6시면 퇴근하고 싶었고, 그 이후 시간만큼은 내가 원하는 방식으로 보내고 싶었다. "팀도 중요하지만, 개인의 성장이 있어야 팀도 있는 것이 아니냐"고 말했다가 보스에게 밉보인 적도 있다. 나도 업무와 회식으로 매일 새벽 2시까지 붙잡혀 있는 생활을 참지 못하고 회사를 1년도 안 돼서 박차고 나온 적이 있다. 업무 환경이 녹록지 않았다.

90년대 말 내가 다니던 회사에는 대단한 부장님이 있었다. 팀원들에게 상당히 위압적인 스타일의 분이었는데, 직원들을 몰아쳐서 나름 성과가 좋은 분이었다. 직원들을 일시키는 것으로 유명한 분이었고, 참 고약한 버릇이 있었다. 하루 종일 회사에 별로 안 보이다가, 저녁 식사 후 9시나 10시 정도 되면 사무실에 돌아와서 '누가 아직까지 남아 있나' 살펴보는 습관이 있었다. 술을 워낙 좋아하는 분이었으니 낮에는 사우나에 가 있다는 소문이 자자했다. 하필 술 약속을 늘 회사 근처로 잡는 듯했다. 그 당시에 9시나 10시에 술자리를 끝낼 성격도 아닌 듯한데, 도대체 어떻게 그 시간이 되면 사무실을 들를 수 있는지 알 수는 없었다. 아마도 "회사에 급한 일이 있어서" 잠깐 다녀와야 한다고 했던 것이 아닐까. 일종의 '나 이렇게 중요한 사람이야'라고 과시해 보이고 싶었던 게 아닐까 추측해본다.

그러다 보니 팀원들도 비슷한 패턴으로 일하기 시작했다. 자세히 보면 직원들이 늦게까지 열심히 일하는 것이 아니었다. 어차피 밤에 늦게까지 남아 있어야 하니까, 낮에 효율적으로 일할 필요가 없었다. 틈만 나면 딴짓을 하고, 직원들끼리 모여서 회의 아닌 회의를 했다. 그런 회의에 잘못 끌려 들어가면 3~4시간은 족히 날아갔다. 처음에는 왜 저러나, 왜 퇴근을 안 하는 것일까 했더니, 그것도 그들 나름의 살아가는 방식이었다. 저녁에만 열심히 일하는 척을 했다. 그저 부장님한테 잘 보이기 위한 근무 형태였을 뿐이었다.

이메일이 회사 업무에서 가장 중요한 커뮤니케이션 수단이 된 시점에는 이메일 전송 시간을 한밤중으로 설정하는 사람이 있었다. 한밤중에 이메일을 보내면 일을 늦게까지 열심히 하는 줄 안다는 것이다. 요즘에도 이렇게 머리 굴리는 사람이 있을까 싶지만, '오~래' 일 하면 열심히 하는 줄 아는 사람이 아직도 있다.

최근에는 스마트 오피스가 도입되면서 자율좌석제를 적용한 회사가 늘어나고 있다. 처음에는 임원들의 거부감이 컸다. 코너 오피스까지는 아니라 하더라도 창문이 있는 사무실을 갖게 되는 위상을 기대하는 임원이 많다. 그런데 아침마다 비어 있는 자리에 앉는 시스템이라니⋯ 어느 날 어머니께 설명을 드렸더니 이해하기 어려워 하셨다. "그게 뭐여? 버스여?"

나름 임원인데 외근 다녀오면 내 책상이 없어진다는 것도 어이가 없고, 우리나라에서는 '자리가 없어진다'는 것은 직장을 잃는 것을 의미하는 표현이라서 영 내키지 않는 시스템이기도 했다. 임원들과 팀장들이 특히 저항을 한 부분은 "팀원들의 근태를 어떻게 관리하나" 하는 것이었다. 눈앞에 보여야 뭘 하고 돌아다니는지 알 수 있다는 것이었다. 그만큼 아직 근태가 중요한 회사가 많다.

MZ세대는 직장을 오래 다닐 생각이 없고 임원이 될 생각도 없다고 하지만, 모두 그런 것은 아니다. 직장을 오래 다닐 생각이 없는데 공무원 시험에 그렇게 몰려 있지는 않을 것이다. 이 친구들은 '오래 다니고 싶은' 직장을 찾고 있을 뿐이다. 회사에 입사해서 얼마 안 가서, "전무님은 어떻게 임원이 되셨습니까?"라고 물어본 친구도 있었다. 삶의 유희도 중요하지만, 임원이 되고 싶은 야심을 갖고 있는 만큼 업무에도 누구보다 진지한 친구였다. 일을 안 하고 싶어 하는 것이 아니라, 열심히 일하고 자기 시간도 충분히 갖고자 하는 것일 뿐이다.

MZ세대는 디지털 환경에서 자랐기 때문에 SNS에 익숙해서 과거에는 주변 몇몇 사람과 끙끙 앓던 일을 익명으로 만천하에 공유할 수 있다. 카톡, 페이스북뿐 아니라 이제는 블라인드 등과 같은 회사 정보 공유 사이트를 통해 노골적으로 회사 분위기와 회사 사람들에 대한 뒷담화를 들을 수 있다. 우리 회사에 대한 어떤 얘기도 상당히 구체적이어서 깜짝 놀란 적도 있다.

MZ세대가 따르는 리더가 되려면 어떻게 해야 할까? 나는 MZ세대라서 특별히 다른 것을 해 주어야 한다기보다는, 우리 세대에서도 받고 싶었던 대우를 해주면 된다고 생각한다.

1. 근태를 관리하기보다는 성과를 관리하자. 근태에만 초점을 두고 오~래 일하는 팀원이 성실하다고 평가하게 되면 '보여주기식' 업무를 위한 환경을 조성하게 된다.
2. 성과에 대한 기대치와 평가 기준을 명확하게 미리 공유하는 것이 좋다. 보스가 기대한 성과가 팀원이 예상했던 성과보다 훨씬 더 큰 경우가 많다. 평가 과정이 공정하지 않다고 느끼면 팀원들의 사기는 저하될 수밖에 없다.
3. 팀원의 개인 시간을 존중하자. 저녁 6시 이후와 주말에는 제발 연락하지 말자. 전화건 문자건 카톡이건, 어지간히 급한 일 아

니면 연락하지 말자. 우리 세대가 주니어일 때도 저녁에 오는 보스의 전화가 반갑지 않았다.

4. 무엇보다 팀원이 성장할 수 있도록 최선을 다해서 도와주자.

까라면 까는 시대는 갔다. 고객에게 굽실거리고 돌아서서 직원들을 쥐 잡듯 할 수 있던 시대도 지났다. 부당한 일을 그냥 당하고 있는 세대가 아니다. 우리 세대도 그랬어야 했지만 못 그런 것일 뿐이다. 우리 세대에도 그러면 안 되는 일이었을 뿐이다. 특히 MZ세대 젊은 이들은 공정한 사회에서 워라밸을 원하는데, 라떼만 부르짖는 리더는 먹히지 않을 것이다. 권위로 복종시킬 수 있는 세대가 아니다. 그래서 그런지 요즘 많은 회사에서 리더에 대한 360도 설문 조사, 즉 다면 평가를 실시하고 있다. 다면 평가에는 보스뿐 아니라 동료, 팀원들의 평가도 포함되는 방식이다. 보스의 평가만큼이나 팀원들의 평가가 중요해지는 시대가 온 것이다.

미우나 고우나 이제는 MZ세대가 이끌어 가는 세상이 될 것이다. MZ세대라서 특별히 다르게 대해야 한다기보다, 우리 세대에서도 받고 싶었던 대우를 해주자. 차세대의 리더가 될 젊은 직원들이 성장할 수 있도록 최선을 다해 도와주자. 우리가 원했던 것처럼, MZ세대에게 성장에 도움이 되는 일을 시키고, 즐겁게 일할 수 있는 환경을 제공해 주고자 노력한다면, 팀원들의 마음에 가 닿는 리더가 될 수 있을 것이다.

당연한 걸 고마워하기

'당연'히 해야 할 일이라고 생각하면 별로 고맙지 않다. 영어로 take it for granted라는 표현도 마찬가지 의미를 갖고 있다. 누군가의 호의가 '당연'한 일이라고 생각하면 고맙다고 말할 필요도 없다. 한편 호의를 베푼 사람의 입장에서는 황당하다. 나름대로 성의를 보였는데, 상대방이 '당연'하게 받아들이면 더 이상 하고 싶지 않은 게 사람 마음이다.

어느 암환자가 쓴 글을 읽은 적이 있다. 숨쉬기조차 힘들어졌을 때, 편하게 숨 쉬는 것이 얼마나 감사한 일인지 알게 되었다고 한다. 축농증에 시달리는 사람은 늘 코에 주머니가 달린 것처럼 무겁다고 한다. 대부분의 사람들은 얼굴에 코가 달려 있는지조차 의식하지 못하지만, 축농증 환자들은 코의 가벼움(?)이 얼마나 감사한 것인지 잘 안다. 나도 오른쪽 엄지손가락의 인대가 찢어졌을 때, 겨우 엄지손가락 하나 움직이지 못하는 것뿐인데 얼마나 불편한지 깜짝 놀랐다. 엄지손가락에 깁스를 하니, 젓가락질은 말할 것도 없고, 바지를 올리는 것, 속옷을 올리는 일에도 엄지손가락이 그렇게 큰 역할을 하는지 처음 알았다. 다른 척추동물들과 인간을 구분하는 요소 중에 엄지손가락이 있다더니… 엄지손가락을 쓰지 못하게 되어서야, 엄지손가락의 감사함을 깨닫게 된 것이다.

세상에 당연한 것은 없다. 우리나라에 명절증후군이 남아 있는 이유는 '당연'병 때문이다. 상대방의 역할에 대해 '당연한 기대'가 있어서 그렇다. '당연'하게 생각하니까 고맙다고 말할 필요도 느끼지 않기 때문이다. 누구는 '당연'히 공부를 잘 해야 하고, 누구는 '당연'히 때가 되면 결혼을 해야 하고, 누구는 '당연'히 결혼하면 아이를 낳아야 하고, 누구는 '당연'히 전을 부쳐 와야 하고, 누구는 '당연'히 돈 봉투를 갖고 와야 하고, 누구는 '당연'히 설거지를 해야 한다고 기대한다. 그 기대를 '당연'하게 말로 표현한다. 그런 말을 누구는 '당연'히 고분고분 들어야 한다. 듣고 싶지 않은 말을 '당연'히 듣게 되는 명절이 부담스럽고 피하고 싶은 것이 오히려 더 '당연'한 것이 아닐까.

회사에서도 당연하게 생각하는 것이 너무 많다. 회사는 학교가 아닌데 당연히 좋은 교육 기회를 제공해야 한다. 회사는 카페가 아닌데 좋은 업무 환경, 맛있는 커피까지 제공해 주어야 한다. 다른 회사를 가지도 않으면서, 다른 회사는 더 많은 혜택을 준다고 불평한다.

직원에 대해서도 당연하게 생각하는 것이 너무 많다. 직원이 계란도 아닌데 까라면 까야 한다. 이미 최선을 다하고 있는데 '당연'히 더 열심히 해야 한다. 엄연히 근무시간이라는 게 존재하는데 밤낮 야근을 해야 한다. 주니어라고 해서 귀찮고 폼 안 나는 일은 '당연'히 다 해야 한다. 공credit은 '당연'히 보스가 가져간다. 저렇게 안 똑똑한 사람이 과거에 뭘 잘했을까 싶은데, "라떼는 말이야"를 늘 반복한다.

행복을 빼앗는 발상을 하는 사람도 많다. 승진을 했는데도 '나보다 더 빨리 승진한 사람도 많은데…' 생각하며 억울해 하는 사람이 있다. 좋은 일이 있어도 감사하게 생각하기보다 '당연'한 것을 너무 늦게 받았다고 생각하는 사람들은 행복해질 기회를 스스로 깎아 먹는 셈이다. 월급이 올라도 '남들은 더 올랐다던데' 생각하면 하나도 기쁘지 않게 된다. 이와 같이 '다른 사람과 비교'하는 것은 가장 신속하게 불행해지는 지름길이다. 어려서부터 수많은 엄친아(엄마 친구 아들) 또는 엄친딸(엄마 친구 딸)과 처절하게 비교되지 않은 사람은 거의 없을 것이다. 내 친구는 누가 봐도 부러울 대학을 나왔는데도 더 좋은 대학을 간 언니 오빠 때문에 집에서 사람 취급을 못 받았다고 한다. 어느 집에서는 '가문의 영광'이 될 일이, 어느 집에서는 '당연'한 일로 생각되기 때문이다.

'당연'병은 여러 가지 문제를 내포한다. 우선 상대방의 역할에 대한 기대치가 다른 경우가 많다. 아들이니까 또는 딸이니까 당연히 해야 하는 역할, 부모니까 당연히 해야 하는 역할을 나름 열심히 하는데도, 우리는 상위 1%를 쳐다보며 부족하게 느끼는 습관이 있다. 기대치를 상위 1%에 놓으면 모든 것이 '당연'해지고 '감사'할 일은 별로 없게 된다. 행복해질 기회도 함께 없어진다.

더 큰 문제는, 상대방이 당연하게 받아들이면 하기 싫어진다는 데에 있다. 청개구리라서 그런 것이 아니다. 당연히 해야 한다고 하면 더 하기 싫다. 반면에 당연한 것을 해 주었는데 고마워하면, 더 해주고 싶다. 그게 사람 마음이다.

좋은 대학을 갔는데도 사람 취급 못 받던 친구는 일부러 부모님 댁에서 먼 곳에 있는 직장을 잡았다고 들었다. 회사에서도 불평만 하는 사람들은 승진이 잘 안 되고, 무엇이든 감사하게 생각하는 사람들에게 더 좋은 기회가 주어지게 마련이다. 직원들을 부속품 취급하는 회사보다, 인간적으로 존중하는 회사의 이직률이 훨씬 낮을 수밖에 없다.

《시크릿》의 저자 론다 번은 "지금 있는 것들에 감사하라. 고마운 모든 일에 대해 생각해 보면 놀랍게도 감사해야 할 일들이 끊임없이 꼬리를 물고 이어질 것이다. 시작은 당신이 해야 한다. 그러면 끌어당김의 법칙이 그 고마운 생각을 받아들여 그와 비슷한 것들을 당신에게 보내준다. '고마움'을 수신 주파수로 맞춰 놓으면 모든 좋은 일이 당신 것이 된다"라고 말했다.

내가 철없는 주니어일 때, 내가 크게 잘하지 않아도 "잘했다"고 말해주는 보스가 있었다. 남들은 허드렛일을 시키기 바쁠 때, 내가 나중에 무엇을 하고 싶은지 관심 가져주는 보스가 있었다. "회사에 이런 교육 기회가 있다"는 것을 알려주는 보스도 있었다. 내가 땀을 뺄

뻘 흘리며 고기를 굽고 있었을 때 "내가 구울 테니 먹으라"고 말해준 보스도 있었다. 고기 몇 점이 뭐라고… 그런 보스를 위해서는 더 열심히 일하고 싶었다.

어느덧 팀장의 역할을 하고 있었을 때, 고객 미팅 전에 알아서 자료를 준비해주는 팀원이 있었다. 내가 독촉하지 않아도 궁금한 것을 미리 보고해주는 팀원이 있었다. 필요한 날짜에 보고서 초안을 마련해주는 팀원도 있었다. 내가 미처 팀원 관리를 하지 못했을 때, 나 대신 팀원을 챙기던 매니저도 있었다. 본인이 잘 해서 승진한 것인데, 나와 다른 사람에게 "승진시켜 주셔서 감사합니다" 말하는 팀원이 있었다. 사실 내가 더 고마운데….

당연한 것을 당연하게 생각하지 않고 감사하게 여기면 모든 것이 감사해진다. 감사하게 여기는 것에서 그치지 말고 "고맙다"고 "감사하다"고 말로 표현하자. 말 안 해도 알아주는 독심술을 갖고 있는 사람은 거의 없다. "고맙다"고 "감사하다"고 말로 표현하자. 고맙다는 말을 들었을 때, 표현에 익숙하지 않은 사람일수록 입꼬리가 슬그머니 올라간다. 속으로 더 흐뭇해한다. 회사를 다니는 것이 더 즐거워지고, 즐겁게 일하면 성과도 더 좋아진다. 작은 일에서 행복을 느낄 수 있게 된다. 좋은 기회를 감사하게 생각하면, 다음에도 기회가 왔을 때 나를 추천하는 사람이 많아진다.

'당연'하다고 여겼던 일들을 다른 시점에서 보자. 설사 당연한 일일지라도 그 당연한 일을 하기 위해 상대방이 어떤 노력을 했을지,

어떤 마음을 썼을지 생각해보자. 그 정도 마음을 써주는 사람도 없다는 데 주목하자. 누군가 성의를 보였을 때 감사하다고 고맙다고 표현하자. 상대방 또는 내가 내일 죽더라도 후회하지 않을 만큼 고마움을 표시해보자.

3

감정이입의 기술
"그랬구나"의 힘

부부 클리닉에서 많은 부부들이 서로의 배우자에게 가장 듣고 싶어 하는 말 중 하나가 "그랬구나, 그래서 정말 힘들었겠구나"라고 한다. (《상처받을 용기》, 이승민) 이런 말을 부부끼리만 듣고 싶어 하는 것은 아닌 것 같다.

몇 년 전에 친구와 얘기하다가 크게 당황한 적이 있다. 친구는 무슨 일에 대해서인가 열 받아서 내게 그 상황을 열심히 설명하고 있었는데, 나는 '논리적이고 객관적인(?)' 사고로 "니 입장은 그렇지만, 상대방의 입장은 다를 수 있다"는 얘기를 했다. 친구의 말에 공감하기보다는 어떤 상황인지 객관적으로 (누가 잘못한 것인지) '판단'하고자 했던 것이다. 그때 친구는 내게 이런 말을 했다. "이럴 때 내가 원하는 건 너의 '판단'이 아니라 '공감'이야. 내 말을 들어주고 내 편이 되어달라는 거야."

친구 간에서 뿐 아니라, 회사에서도 공감이 필요한 것은 마찬가지이다. 회사에서 나의 위치가 팀원이건 팀장이건 임원이건, 누군가와 대화를 할 때 공감은커녕 '귀를 기울이는' 것도 쉽지가 않다. 왜 어려울까?

첫째, 사람들은 대부분 자기중심적이어서 상대방에게 어떤 말을 듣건 본인 생각을 한다. 누가 오늘 지각해서 보스한테 야단맞았다고 하소연하는데, '그럼 나한테도 불똥이 튈까?' 식으로 걱정하는 것이다. 상대방의 말을 들어 주기보다는 본인 생각만 하는 경우가 많다.

둘째, 특히 회사 상황에서는 지나치게 공평하고 객관적이어야 한다고 생각하게 될 때가 많다. 팀장 또는 임원이라는 위치 때문에 객관적으로 상황을 파악할 수밖에 없는 경우도 많다. 그러나 나에게 어떤 영향이 끼칠지, 어떤 객관적인 상황이 있었던 것인지 판단하기에 앞서, 누군가가 정말 힘들다고 말할 때에는 상대방에게 몰입해 줄 필요가 있다. "그랬구나, 그래서 정말 힘들었겠구나"라고 말해줄 필요가 있다. 마음을 열고 상대방의 말을 들어주면, 내가 몇 마디 안 해도 상대방의 마음이 풀리는 놀라운 경험을 하게 된다.

셋째, 내가 너무 바쁘고 마음을 열 준비가 되어 있지 않을 때도 있다. 내게 급한 일이 있고 그 생각이 머릿속을 떠나지 않으면 다른 사람의 얘기가 들리지 않는다. 내 마음이 열려 있지 않아서 상대방의 말이 안 들리는 경우이다.

넷째, 상대방의 말을 듣기보다 '난 뭐라고 말할까?' 내가 할 말을 생각하면서 잘 못 듣는 경우도 많다. 특히 중요한 회의에서 상대방을 반박하기 위해 또는 상대방 보다 더 멋진 말을 하기 위해 듣는 데 소홀해질 때도 있다. 잘못하면 그 멋진 말을 할 타이밍을 놓칠 수 있다.

이렇게 방해하는 요소가 많으니, 상대방에 온전히 집중하는 것은 쉽지 않은 일이다. 물론 팀장이나 임원의 입장에서는 모든 직원들의 말을 다 들어줄 수 없을 때가 많다. 다른 사람들의 말을 주의 깊게 듣기보다는 객관적으로 듣는다고 하면서 쉽게 잘못과 시시비비를 판단해 버리는 경우도 많다. '네가 잘못 했네'라고 일단 판단하고 듣게 되면 상대방의 말을 객관적으로 듣는 것은 불가능해진다.

그러나 들어야 한다. 듣지 않으면 곪는다. 직원들의 말을 주의 깊게 듣지 않으면 의사소통이 불통이 된다. 불통이 쌓이고 곪아 가면 조직 자체가 병들어 간다. 쉽게 해결될 문제가 해결되지 않는다. 태업이나 퇴사로 끝나지 않고 자살과 같은 사회 문제가 될 수도 있다.

2015년 마이크로소프트에서 금붕어의 집중력은 9초이나 사람의 집중력은 8초 밖에 안 된다고 발표한 적이 있다. (2015 report by the Consumer Insights team of Microsoft Canada) 워낙 흥미로운 주제이다 보니, 타임지를 포함한 여러 매체에서 보도를 했지만, 이와 같은 발표가 어느 정도 학술적 근거가 있는지 알 수는 없다. 다만, 8초 밖에 안 되느지는 모르지만, 사람들이 집중할 수 있는 시간이 매우 짧다는 것은 분명하다.

말하는 사람의 입장에서는 되도록 짧게 말할 경우 상대방이 내 말에 집중할 확률을 높일 수 있다. 연설자가 연설 도중에 갑자기 침묵을 하면, 오히려 사람들의 주의를 확 끌게 된다. 말하는 사람이 빠른 속도로 길게 말을 할 경우에 상대방은 쉽게 주의력이 흐트러진다. 내가 말할 때 듣는 사람의 눈동자가 움직이고 온 몸으로 불편함이 느껴지면, 이미 나는 너무 말을 많이 한 것이다. 테드TED Talks라고 하는 온라인 강연 사이트에서도 원칙적으로 최대 18분 강연을 하도록 되어 있다고 한다. 그 이상 얘기를 계속하면 청취자들이 중요한 내용에 계속 집중할 수 없기 때문이라고 한다. 1시간, 2시간, 4시간 학교 강의를 끝까지 집중해서 듣는 것이 신경과학 측면에서도 어려운 것이 현실인 모양이다.

테드 강연에서는 특정 주제에 대해 중요한 내용만 조리 있게 말해주는 데도 18분이라 하니, 회사에서 누군가 준비되지 않은 말을 오래 하는 것을 참을성 있게 들어주는 것은 쉽지 않은 일이다. 더구나 보스들은 성질이 급하다. 한국에 있는 보스나, 해외의 보스나, 똑똑한 보스나 멍청한 보스나 모두 성격이 급하다. 길게 설명하면 보스들은 지루해 하거나 내가 요점을 파악하지 못하고 있다고 생각한다. 1분 이상 혼자 말하고 있으면 상대방은 이미 지루해지게 마련이다. 더구나 똑같은 사람이 똑같은 말을 계속 반복하는데 이를 참고 들어줄 사람은 많지 않다. 내가 말을 할 때는 최대한 간결하게 요점을 얘기해서, 상대방이 쉽게 감정이입할 수 있도록 도와줄 필요가 있다.

사람들의 집중력은 점점 떨어지는데 누군가 나의 말을 진심을 담아 들어준다면 그 효과는 엄청날 수밖에 없다. 오죽하면 경청을 잘하는 사람이 상대방에게 똑똑한 사람이라는 인상을 준다는 말도 있다. 누군가의 말을 경청해 주는 사람은 귀하다. 상대방의 말을 들어줄 때에는 상대방에게 감정이입을 하고 들어주면 된다. '내가 저 사람의 입장이었다면 어떻게 했을까?' 상대방의 입장에서 생각해보면 이해 안 갈 사람은 거의 없기 때문이다.

내가 상대방의 얘기를 들어주면 상대방도 내 말을 들어줄 마음이 생기게 마련이다. 집중하기 어려워도 들어야 한다. 힘들어 하는 사람이 있으면 일단 주의 깊게 상대방의 얘기를 들어주고, 상대방의 시점에서 생각해보고, 그 이후에 내가 말을 시작해도 늦지 않다. 내가 말을 할 때에는 간결하게, 상대방의 말을 들을 때에는 상대방의 입장에서 진심을 담아 들어주자. 주의 깊게 들으면서 "그랬구나, 그래서 정말 힘들었겠구나" 말해주자.

4

내겐 월요병이 없다
효율성을 높이는 시간 관리

리더가 되고자 하는 사람은
나에게 맞는 자기 관리법을 찾아야 한다

나에게는 월요병이 없다. 월요일이 아니라 일요일에 한 주를 시작하는 마음으로 살기 때문이다. 종교적인 이유는 아니다. 그냥 월요병이 싫어서였다. 이 습관은 대학생 때부터 생긴 습관이다. 지금의 나는 별 재미없는 사람이 되었지만, 대학 시절에는 내게도 '불금'(불타는 금요일)과 불토(불타는 토요일)가 있었다. 친구들과 아무리 얘기해도 더할 말이 남아 있던 시절이었다. 늦게까지 술을 마셔야 하는 심각하고 진지한 얘깃거리도 늘 있었다. 금요일과 토요일에 밤 늦게까지 친구들과 시간을 보내고, 일요일에 늦잠 자고 비실거리다 보면 어느새 월요일이 왔다. 20대에도 난 숙취가 유난히 심해서, 하루를 꼬박 좀비처럼 있어야 그 다음날 일어설 수가 있었다. 방바닥에서 50cm 이상

머리를 들기가 힘들었다. 월요일 아침 수업은 준비가 안 된 상태였고, 월요일 오전에 '이번 주 해야 할 일'을 정리하고 싶었지만, 어느새 수업을 쫓아가야 했고, 수업에서는 또 다시 새로운 과제가 나왔다. 수업과 과제 사이에 끼어 살다 보면, 나도 모르는 사이 일주일이 훅 지나가고 있었다. 정리가 안 된 채로 1학년을 보내다 보니 이래도 되나 싶었다.

월화수목금금금처럼 공부하는 친구도 있었고, 매일을 불금처럼 보내는 친구도 있었지만, 나는 20대에도 그런 체력이 되지 않았다. 금요일에 불금을 가기 전에 다음 주에 대한 계획을 미리 세우는 것도 현실적이지 않았다. 내 마음은 이미 일주일을 끝내고 모든 것을 잊을 준비가 되어 있는데, 머나 먼 다음 주를 계획하는 것은 도대체 현실적이지 않았다. 설사 계획한 것이 있다 해도 (모든 것을 내려놓은 주말 이후) 월요일에 보면 잘 기억이 나지 않았다. 시간 관리도 안 되고 효율적이지도 않은 생활이었다.

계획적으로 사는 방법을 모색하던 나는, 일요일에 한 주를 시작하는 습관을 들이기 시작했다. 그 대신 노는 건 불금으로 끝냈다. 토요일엔 방바닥에 머리를 붙이고 하루 종일 기어 다녀도, 일요일에는 월요일처럼 일찍 일어나서 한 주를 시작했다. 일요일 새벽에 도서관을 가니, 차분하게 다음 주를 준비할 수 있었다. 1주일에 대한 계획도 짜고, 지난주에 못한 숙제도 하고, 다음 주 수업도 미리 준비하다 보니, 월요병이 없어졌다. 월요일은 일요일에 이미 시작한 페이스를 그대로 유지만 하면 되었다. 월요일 아침에 급할 일은 거의 없어졌다. 한 주가 내가 일요일에 계획한 대로 정돈되어 갔다.

회사를 다닐 때도 마찬가지다. 임원들이 왜 일찍 출근하는지 알 것 같았다. 하루 종일 회의가 시간, 분 단위로 계획되어 있고, 그 사이에 고객 콜과 직원들 미팅을 하다 보면 도저히 '생각'이라는 것을 할 시간이 없다. 그래서 새벽에 일찍 나와서 하루를, 일주일을 계획하게 되는 모양이다.

중요한 것은 나의 '내 몸 사용 설명서'를 만들어가는 것이다. 〈내 몸 사용 설명서〉라는 TV 건강 프로그램은 제목을 참 잘 지은 것 같다. 나를 알아가는 것, 내 몸이 보내는 신호에 귀를 기울여야 한다는 데 적극 공감한다. 내 몸을 제일 잘 아는 사람은 나다. 나는 유난히 잠이 많은 사람이라 저녁 10시면 자야 했고, 숙취가 심한 체질이라 술은 덜 마셔야 한다는 것을 알게 되었고, 월요일 아침 시간으로 충분하지 않으니 한 주를 일요일에 시작하는 습관을 들이게 되었다. 보기보다 몸이 부실한 나에게 필요한 일이었다.

시간을 효율적으로 활용하기 위한 방안도 나에게 맞는 방법을 적극적으로 찾아봐야 한다.

1. 일단 나 혼자 정리할 수 있는 시간을 매일 아침 10~30분, 그리고 한 주를 정리할 수 있는 시간을 1주일에 한 시간 만이라도 확보해 둔다. 매일 아침 10~30분 일찍 출근하는 것이 도저히

안 되면, 아침에 출근하는 시간 동안에 생각을 정리해도 도움이 된다. 이 경우 핸드폰에 일정 정리가 되어 있어야 한다.

2. 내 맘대로 조율하기 어려운 미팅들은 내가 변경할 수 없는 고정된 일정으로 미리 넣어 두고 그 시간은 따로 떼어 놓는다.

3. 내가 주도적으로 수행해야 하는 중요한 업무에 할애할 시간을 일정에 채워 넣는다. 예를 들어 중요한 발표가 2시에 있다면, 그 직전 1시부터 2시까지는 발표 준비를 위해 마지막 점검 시간으로 넣어 둔다. 물론 발표 준비를 위한 시간이 필요할 경우, 발표 전날, 발표 일주일 전에도 최대한 시간을 마련해서 일정에 미리 넣어둔다.

4. 다른 사람과 약속을 하면 즉시 미팅 일정을 확인해 놓는다. 회사에서는 이메일로 미팅 초대를 해 놓으면 되고, 그 외의 경우에는 문자 등으로 남겨 놓는다. 확인해 놓지 않으면 매일 쏟아지는 미팅 일정에서 잊히거나 잘못 알게 되는 일이 흔하게 일어난다. 하루 지나서 미팅 초대를 보내면 상대방의 일정이 이미 다른 약속으로 채워져 있을 수도 있다.

5. 일정은 한 곳에 관리한다. 회사 컴퓨터와 핸드폰에 동시에 업데이트를 해서 언제 어디서나 확인할 수 있도록 해 놓는다. 일정에 맞춰 업무를 진행하지 못하고 있다는 불평을 듣는 팀장을 만난 적이 있다. 1시간 정도 이런저런 얘기를 하다가, 팀장이 세 군데에 일정을 관리하고 있다는 말을 듣고 깜짝 놀랐다.

핸드폰과 노트와 컴퓨터가 일부 연동되지 않은 상태로 따로 놓고 있다는 것이다. 내가 업데이트한 모든 일정을 한 곳에서 볼 수 있어야 한다. 자주 사용하는 시스템에 일정이 연동되게 할 필요가 있다. 종이로 된 노트에 할 일을 적어 놓는 사람도 많지만, 엄청나게 체계적으로 노트를 관리하지 않으면 나중에 추가 및 업데이트를 하기가 쉽지 않다. 무거운 노트를 어디나 들고 다니기도 불편하다. 회사에서는 아웃룩 등 프로그램을 활용할 수 있고, 개인적으로도 무료로 사용할 수 있는 일정 관리 어플이 많다. 이런 시스템은 대부분 핸드폰으로 연동이 가능하다. 핸드폰으로 모든 일정을 볼 수 있으면 언제 어디서나 확인이 가능해진다. 고객이 많아지면 저녁이나 새벽에도 일정을 확인해야 할 때가 있다. 그럴 때 핸드폰 한 곳에 확인해서 적어 놓는 것은 매우 효율적이다.

6. 이번 주와 다음 주를 포함한 2주 정도까지는 매일 일정을 점검해야 한다. 진행 상황을 점검하는 것은 1주일에 한 번 하면 늦을 때가 많다. 3일에 한 번 정도 진행 상황을 점검해 보는 것이 좋다. 그 경우에는 3일에 한번씩 '진행 상황 점검'을 위한 시간을 일정에 넣어 두면 더 좋다.

7. 동시에 갑작스런 미팅이 언제라도 생길 수 있다는 것을 감안해야 한다. 일정이 늘 조금씩 조정될 수 있다는 것도 받아들이고 너무 조급해 하지 않도록 시간 관리를 해야 한다.

늘 미팅에 늦는 사람들이 있다. 바쁜 것은 이해하지만 늦는 것도 습관이다. 다른 사람의 시간을 존중하지 않는 것이다. 이런 친구들은 회의도 오래한다. 30분이면 끝낼 얘기로 다른 사람들을 3시간 동안 붙잡고 있다. 내가 주관하고 있는 회의가 모든 사람에게 1순위일 수는 없다는 것을 인지하지 못하고 있는 것이다.

나에게 맞는 내 몸에 맞는 시간 관리가 필요하다. 최소한 1~2주 정도의 일정을 지속적으로 관리하기 위한 시간을 확보하자. 최소한 모든 일정을 한 곳에서 관리해 나가는 것으로 시작해야 한다. 나 스스로 시간을 잘게 세분화해 놓고, 일정 관리를 타이트하게 해 나가다 보면, 내 시간뿐 아니라 다른 사람의 시간도 절약할 수 있게 된다. 다른 사람의 시간을 잡아먹는 하마가 되지 말자. 함께 일하고 싶지 않는 사람 1순위가 될 수 있다. 시간을 효율적으로 쓸 수 있는 방법, 나에게 맞는 방법을 지속적으로 찾아가야 한다.

: 5 :

타임라인을 정하고 시작해야 하는 이유

무엇을 하건 기한을 정해 놓고 시작하자. 어떤 목표이건 내가 하고 싶은 것 또는 되고 싶다는 것이 있다는 것은 좋은 일이다. 나의 꿈을 향해서 내 인생의 몇 년을 할애하는 것도 나쁘지 않다. 원하는 대로 성취하게 되면 더욱 좋다. 그러나 나 스스로에게 명확한 시한을 정해 놓고 시작하는 것이 좋다.

뭘 해도 엄청난 경쟁률을 뚫고 나가야 하는 우리 사회에서 살아가는 것은 참 고달프다. 인구는 많고 기회는 제한되다 보니 우리는 늘 상대평가의 굴레에서 벗어나기가 어렵다. 어쩌다 보니 몇 년 걸리는 입시 준비를 하게 되는 경우도 많다. 대학 입시에도 3수 4수 했다는 얘기를 주변에서 쉽게 듣는다. 행정고시, 사법고시, 외무고시, 공무원뿐 아니라 언론고시까지, 젊은이들이 몇 년을 준비한다는 고시가 한두 가지가 아니다. 대학 졸업하고 대기업에 입사한 친구 중에도 고시를 준비하겠다고 회사를 박차고 나온 친구가 한둘이 아니다. 힘든 취업 준비를 거쳐 간신히 회사에 들어갔지만, 너무나 단순한 역할만 하는데 학교 졸업장이 왜 필요한지 영어나 다른 성적이 왜 필요한지 이해가 가지 않는다고 분통을 터트리는 모습을 많이 보았다. 겁도 없이 회사를 때려 쳤는데, 세상은 호락호락하지 않다. 고시를 준비하면서 2~3년, 길게는 10년 넘게 보내는 것도 일도 아니다. 3수 4수를 하고 대학에 합격하거나, 10년을 고시 준비를 하고 합격을 하거나, 그 투지는 존경스럽지만, 20대의 젊은 시절이 다시 올 리 없다.

나 스스로에게 시한, 타임라인을 정하고 시작해야 하는 이유는 있다. 이 세상에 내가 할 수 있는 일이 지금 추구하는 이것 하나가 아니기 때문이다. 인생에는 누구에게나 세 번의 기회가 주어진다고 한다. 지금은 내가 추구하고 있는 이 목표가 '모든 것'인 것 같지만, 그게 '다'는 아니다. 다행히 내가 원하던 어딘가에 합격해서 그 길을 가게 되더라도 10년 정도 지나면 다른 생각을 하게 되는 경우도 많다. 평생의 꿈이라고 생각한 일도 10년이 지나 바뀌는 경우가 많다. 다른 것을 다 포기하고 10년을 준비했는데 다시 10년이 안 되어서 다른 것을 해보고 싶다면 어떨까?

학교건 회사건 모두 그만두고 무언가를 준비하는 경우에는 더더욱 반드시 타임라인을 정해야 한다. 어떤 입시건 나 스스로에게 시한을 주면 더 절박하게 공부할 수도 있다. 1년, 3년, 5년 등 나의 상황에 맞게 기한을 정할 수 있을 것이다. 그 기간에 대해 주변 사람들에게 모두 떠벌리는 것도 좋다. 혹시라도 내가 원하는 결과가 나오지 않을 경우 그 이후에는 과감하게 새로운 길을 가보자. 내게 맞는 다른 기회가 있을 것이다. 회사를 다니면서 다른 것을 준비하는 경우도 마찬가지다. 회사가 그렇게 녹록한 곳이 아니다. 계속 딴 곳을 바라보면서 일해도 성과가 날 수 있는 곳이 아니다. 회사를 다니면서 다른 일을 준비할 경우에는 이도 저도 제대로 못하게 될 수 있다. 더더욱 오래 질질 끌지 않는 게 좋다.

미래나 꿈을 향한 거창한 준비가 아니라 하더라도 나 스스로에게 시한을 정해 놓고 일을 시작하는 것이 필요하다. 회사 업무의 경우에는 대부분 시한이 주어지지만 늘 그런 것은 아니다. 나 스스로 주도적으로 진행해야 할 일이 있게 마련이다. '시장 조사' 등과 같은 막연한 프로젝트를 하게 되면 한없이 늘어져서 결과물이 흐지부지 되는 일도 많다. 그런데 이렇게 열외로 하는 일, 꼭 누가 시켜서 하는 일이 아닌 경우가, 나를 차별화할 수 있게 도와주는 경우가 많다. 특별히 시한이 없는 장기 프로젝트를 할 때, 구체적인 시한을 정해서 스스로 끝장을 봐야 한다. 나 혼자 드라이브를 거는 주도적인 프로젝트를 잘 수행하게 되면, 회사에서 예상하지 못한 인정을 받게 되는 경우가 많다.

중요한 보고서를 쓴다거나 제안서를 만들어야 하는 경우, 우선 언제까지 어떤 결과물이 나와야 하는지 확인한다. 그 결과물을 만들기 위한 중간 단계를 정하고, 각 단계별로 어느 정도 시간이 걸릴지 확인한다. 프로젝트 기간에 따라 각 단계를 하루 또는 며칠 단위로 세분한다. 그러면 결과적으로 내가 매일 몇 시간 정도 투입해서 어디까지 해야 이 프로젝트를 스스로 수행해 나갈 수 있게 될지 가늠할 수 있게 된다. 예상 시간을 계산할 때에는 현실적으로 추정해야 한다는 것을 잊지 말자.

말이 쉽지…라고 생각할지도 모르겠다. 그렇지만 이렇게 계획을 짜 놓고 시작하지 않으면 학창 시절 공부할 때처럼 모든 책이 1장 Chapter 1만 까맣게 닳고 결국 책을 끝내지 못하는 결과가 되기 쉽다. 고등학교 때 성문종합영어나 수학의 정석 한 권정도 갖고 있지 않은 친구는 없었다. 그러나 그 책들을 끝까지 본 친구들도 거의 없었다. 혼자 공부하기 참 어려운 책들이었다. 그러나 전체 쪽수를 확인하고 (예: 750쪽), 내가 학교 수업 이후에 혼자 공부할 수 있는 시간을 보니 4시간. 그 중에서 영어나 수학에 할애할 수 있는 시간은 월수금 1시간씩 (= 한 주에 3시간), 내게 남은 기간은 50주, 결국 내가 영어나 수학에 쓸 수 있는 시간은 3 x 50 = 150시간. 결국 750쪽을 150시간 내에 모두 보려면, 한 시간에 5쪽씩 (750/150 = 5) 볼 수 있어야 한다. 매 시간마다 내가 5쪽을 끝내지 않았다면 뒤로 밀릴 것이라는 것을 알게 되고, 미리 시간 조정을 해야 한다는 사실을 알게 된다. 계속 밀리다가는 나중에 1시간에 50쪽씩 봐야 할 수 있다. 이런 사태는 미연에 막아야 한다.

주어진 1시간 동안에 5쪽을 봐야 하면 그 중에서 가장 중요한 부분만 (1시간 내에 끝낼 수 있도록) 보는 습관이 생긴다. 자연스럽게 그 시간을 최대한 효율적으로 활용하기 위한 방법을 고안해 내게 된다.

회사에서도 프로젝트를 수행하기 위해 상세한 계획을 일정에 넣는 방법은 먹힌다. 포기할 건 미리 포기할 수 있게 되기 때문이다. 프로젝트를 완수하기 위해 걸리는 시간이 10시간인데 내일까지 해야 한다면? 다른 업무도 해야 하기 때문에 물리적으로 도저히 10시간이 확보되지 않을 수 있다. 그렇다면 선택을 해야 한다. 밤을 새건, 5시간을 10시간처럼 집중해서 쓰건, 나 스스로 판단해서 선택할 수 있게 된다.

하다못해 집에서 혼자 책을 읽을 때에도 시간을 정해 놓고 볼 때가 있다. 나 스스로에게 시한을 주면 책도 더 집중해서 읽을 수 있게 된다. 혼자 있는 시간도 타이트 하게 관리하다 보면, 어쩌다 남는 자투리 시간이 엄청나게 고맙고 소중하다. 간혹 나에게 '자유 시간'을 주게 되면 나 혼자 그 시간을 달콤하고 감사하게 보낼 수 있게 된다.

20대 30대 그 소중한 시기에 우리나라 젊은이들은 절실한 마음으로 무언가 처절하게 준비하는 일이 많다. 꼭 입시가 아니더라도, 어떤 프로젝트를 하건 중요할수록 타임라인을 정해 놓고 시작하자. 스스로에게 기한을 정해 놓으면 더욱 집중할 수 있게 된다. 성공할 확률이 높아진다. 혹시라도 원하는 결과가 아니더라도 그것이 '다'는 아니다. 기회는 또 온다.

우선순위를 정하는 방법

"우선순위를 어떻게 정하나요?" 묻는 친구들이 많다. 특히 회사에 들어온 지 얼마 안 된 주니어들은 이런 질문을 많이 한다. 우선순위를 잘 파악할 수 있는 능력은 회사 생활을 잘하기 위한 필수조건이다. 덜 중요한 일을 먼저 하고, 가장 중요한 일을 나중에 하게 되면 '일머리'가 없다는 소리를 듣게 된다.

물론 주니어일 때는 물어보는 게 상책이다. 필요할 때마다 '내가 생각하는 우선순위'와 나의 보스가 생각하는 우선순위가 같은지 확인할 필요가 있다. 내가 생각하는 우선순위 10개를 확인했을 때, 나의 보스가 생각하는 우선순위와 일치하는 경우는 놀랍게도 거의 없다. 다시 말해서, 내가 가장 중요한 업무라고 생각한 것이, 나의 보스에게는 다섯 번째 정도 중요도가 있는 업무인 경우도 많다. 나는 가장 중요한 업무를 완료했다고 생각했는데, 나의 보스나 고객은 "중요한 업무는 하지 않고, 엉뚱한 일만 하고 있다" 등의 피드백을 줄 수도 있다. 업무의 우선순위를 서로 확인하는 것은 고객 및 보스의 피드백을 좋게 하는 지름길이다.

고객이 불만을 갖고 있는 팀장에게 업무량을 물어보니, 하루에 해야 할 업무가 100가지는 된다는 것이었다. 100가지 모두가 그날 끝내야 할 일인지 물었더니, 그건 아니라고 한다. 당연한 일이다. 100가지 모두 그날 끝내야 하는 경우는 거의 없다.

업무의 우선순위를 정할 때 헷갈리는 이유는 업무에도 여러 가지가 있기 때문이다. 1. 중요하고 급한 일, 2. 중요하지만 시간 여유가 있는 일, 3. 덜 중요한데 급한 일, 4. 덜 중요하고 시간 여유도 있는 일. 당연히 1번을 가장 먼저 해야 한다. 그런데 대부분의 사람들은 3번을 제일 먼저 한다. '덜 중요한데 급한 일'은 대부분 빨리 끝낼 수 있는 성격인 경우가 많기 때문이다. 3번을 쫓아다니다 보면 어느새 오후가 된다. 정작 중요한 1번을 아직 못했고, 2번처럼 '중요하지만 시간 여유가 있는 일'은 계속 뒤로 밀려서 어느새 오늘 끝내야 하는 당장 '중요하고 급한 일'이 되어 버린다.

그렇다면 어떻게 우선순위를 잘 관리할 수 있을까?

1. 일단 내가 해야 할 업무를 모두 한 곳에 적어 놓는다. 회의를 할 때 태블릿에 적는 사람도 있고 평범한 노트를 사용하는 사람도 있다. 어떤 방법이건 늘 몸에 지니고 다니고 매일 규칙적으로 적어 놓는 것을 잊지 않으면 된다.

2. 노트를 적을 때 후속 조치를 취해야 할 일이 있으면 follow-up 표시를 해 놓는다. 나는 주로 화살표나 별표를 사용한다.

3. 매일 아침 출근했을 때 오늘 일정을 먼저 확인한다. 혹시 촌각을 다투는 일이 있다면 우선적으로 처리한다. (예: 1번 중요하고 급한 일)

4. 어제 미팅 때 태블릿이나 노트에 적어 놓은 내용을 확인한다. 특히 follow-up 표시를 해 놓은 내용과 고객 및 다른 사람에게 약속한 내용이 있으면 그 업무를 바로 일정에 적어 넣어야 한다. (어제 회의 직후에 넣어두지 못한 일정이 있다면 지금이라도 추가한다.)

5. 업무 리스트를 훑어보고, 각 업무의 시한을 일정에 적어 넣는다. 중요한 업무의 경우, 각 업무의 시한을 적어 넣는 것에 그쳐서는 안 된다. 특히 위에서 말한 2번 '중요하지만 시간 여유가 있는 일'을 놓치기가 가장 쉽다. '시간 여유가 있지만 중요한 업무'를 완료하기 위해 어떤 업무를 중간 중간 수행해야 하는지 생각해 봐야 한다. 또한 세부 업무에 걸리는 시간을 함께 고려해야 한다. 예를 들어, '시장 조사'를 해야 하는 큰 프로젝트가 있다면, 시장 조사에 필요한 세부 업무를 적어 본다. 1. 시장 조사를 하는 목적을 이해한다. 2. 시장 조사의 결과물에 대한 기대치를 확인한다. (예를 들어 서울의 부동산 시장을 조사한다고 하면 너무 광범위할 수 있다. 오피스 시장인지, 물류 시장도 포함하는지

등 명확하게 확인해야 불필요한 업무를 최소화 할 수 있다.) 3. 업무 범위를 세분화한다. 예를 들어 '서울의 오피스 시장'이라면 시내 중심부, 여의도, 강남 오피스 권역 등으로 세분화할 수 있다. 4. 시장 조사 방법을 구분한다. 현장을 방문해서 시장 조사를 한다면 그 방문 시간도 고려해서 일정을 넣어 두어야 한다.

6. 장기 프로젝트의 경우, 세부 내용을 어떻게 수행해야 할지 모를 경우에는, 세부 내용을 확정하기 위해 보스와 미팅을 잡거나 나 혼자 계획할 시간을 따로 떼어서 일정에 넣어 둔다.

7. 위와 같은 업무를 모두 일정에 넣은 뒤, 오늘 일정을 다시 확인한다. 1번 중요하고 급한 일을 제일 먼저 할 수 있도록 시간을 조정한다.

8. 이제 오늘 해야 하는 '중요하고 급한 일'은 무슨 일이 있어도 오늘 끝내야 한다.

9. 혹시라도 기한 내에 끝내지 못할 것으로 예상되는 업무가 있을 경우에는, 이 업무를 기다리고 있는 이해 당사자들에게 XX 업무가 지연될 수 있다고 미리 알려준다. 언제까지 끝낼 수 있을 것이라고 일정을 함께 알려주는 것이 좋다.

10. 매주 또는 매달, 정기적으로 보스와 우선순위를 확인한다.

보스와 확인할 때 주의할 점이 있다. 보스와 확인하는 목적이 보스에게 '의존'하기 위한 것이 아니라, 스스로의 판단에 대한 확인 차원이라는 것을 잊지 말자. 예를 들어, 두 가지 또는 세 가지 모두가 당장 급한 중요한 일로 보이는데 판단이 서지 않을 때가 있다. 보스의 의견을 확인하고자 할 때, 나 스스로의 의견과 판단을 보여주는 것이 좋다. "A, B, C 업무를 어떤 순서로 할까요?" 질문하는 것보다는, "B, A, C 순서로 업무를 수행하는 것으로 생각했습니다. 혹시 순서를 바꿔서 수행해야 한다면 말씀해 주십시오."와 같은 형식으로 말을 하는 것이 낫다.

이는 마치 예습을 하고 수업을 듣는 것과 같다. 내 의견과 판단을 하는 습관을 들여야 보스의 의견이 다를 때 왜 그런지 배울 수 있게 된다. 내가 좀 더 주도적으로 보이는 것도 장점이다. 단, 보스와 확인하고자 했지만, 시간이 맞지 않을 경우도 있다. 이럴 때에는 최대한 주도적으로 판단해서 업무를 진행해 나가야 한다. 필요시 간단하게 이메일로만 먼저 커뮤니케이션하는 것도 방법이다. 보스와 확인될 때까지 무작정 기다리고 있다면, 나는 이 업무의 주인이 아닌 것이다.

한편, 보스의 스타일에 따라 자주 커뮤니케이션을 하는 것을 선호하는 경우도 있고 그렇지 않은 경우도 있다. 보고의 간격에 대해서도 미리 보스와 상의해 놓으면 좋다.

1주일에 하루 5시간씩 할애하기로 했는데, 다른 급한 일이 생겨서 못하게 되면 어떻게 될까? 이런 일은 흔히 발생하기 때문에 하루 8시간 중 5시간을 할애하도록 하는 것은 여러 사람 모인 워크숍이나 교육 등이 아니면 아주 무리다. 일정을 잡을 때 현실적으로 가능하도록 일정을 잡는 것이 좋다.

한편, 대부분의 업무는 내버려두면 늘어지게 마련이다. 3시간 걸릴 것으로 예상하는 일을 1시간에 끝내야 한다는 마음으로 일을 해야 3시간 내에 끝내게 되는 경우도 많다.(이때에도 타임라인을 정하는 것이 도움이 된다.)

소위 '누가 시킨 일인지에 따라' 업무의 우선순위를 조정하는 경우가 많다. 고객이 요청한 일이 가장 우선순위가 될 때도 있고, 높은 사람이 시킨 일이 가장 우선이 될 때도 있다. 가장 중요하면서 급한 일이 무엇인가를 판단할 수 있어야 한다. 불필요하게 미묘한 정치에 휩쓸리지 않으려면, 고객이건 높은 사람이건 의견을 확인하거나 설득하는 것이 중요하다. "요청하신 보고서도 급하지만, 오늘 위급한 전기 공사를 진행하고 있습니다. 전기 공사가 안전하게 진행된 후에 보고 드려도 될까요?" 등으로 미리 커뮤니케이션 하고 양해를 구하는 것이 매우 중요하다. 사전에 미리 양해를 구하면 일이 훨씬 순조롭게 풀리는 경우가 대부분이다.

업무의 우선순위를 잘 판단하는 사람은 소위 '일머리'가 있는 사람이다. 우선순위를 정할 때 보스나 고객과 적절히 확인하는 것은 업무를 효율적으로 하는 데 큰 도움을 준다. 단, 나 스스로 주도적으로 판단하고 업무를 처리해 나가야 한다는 것을 잊지 말자. 우선순위에 따라 '중요하고 급한 일'을 잘 처리해 나가고, '중요하지만 시간 여유가 있는 일'을 미리 계획해서 차근차근 수행해 나간다면 어느새 회사에서 인정받는 사람이 되어 있을 것이다. 더구나 업무 처리에 대한 커뮤니케이션도 적절하게 잘 한다면 누구나 함께 일하고 싶은 사람이 될 것이다.

: 7 :

관성의 법칙
루틴으로 만들면 쉬워진다

무엇이건 노력해서 남보다 잘하게 된 경험이 한 가지라도 있다면 그것은 내게 무엇과도 바꿀 수 없는 재산이 된다. 기타는 내게 그런 경험을 주었다. 앞장에서 얘기한 바와 같이, 기타를 연습하듯 영어 공부를 하는 것이 가능했다.

무엇이든 지속적으로 1년 이상 하면 새로운 지평이 열리고, 10년 이상 하면 전문가가 된다고 한다. 이시형 박사는 《공부하는 독종이 살아남는다》에서 "아무리 싫은 일도 3일씩 딱 열 번만 계속하면 버릇이 되고 습관이 된다"고 했다. 그렇다. 일단 습관이 되면 어렵지 않다. 루틴routine으로 만들면 쉬워진다.

제임스 클리어는 《아주 작은 습관의 힘》에서 "더 이상 아무것도 할 수 없을 것 같았던 그때, 조금씩 시도한 아주 작은 일들이 나를 바꾸었다. 사소하고 별것 아닌 일이라도 몇 년 동안 꾸준히 해 나가면 정말로 놀랄 만한 결과가 나타난다"고 말했다.

새로운 습관은 지키는 것이 힘들다기보다는 처음에 시작하기가 어렵다. 예를 들어 매일 영어 한 문장씩 외우기로 했다고 하면, 일단 어렵게 느껴진다. 무엇을 언제 어디서 어떻게 외울지 감도 오지 않는다. 학교 다닐 때는 영어 공부에 몰입했지만, 회사 다니면서 영어 공부를 따로 하지 않은 지 오래 되었다. 안타깝게도 언어는 안 쓰면 바로 녹슬게 마련이다.

나이 50이 넘어도 새롭게 영어 공부를 시작할 수 있는지 도전을 해 보고 싶었다. 그때 마침 수녀님한테 '탁상용 말씀 달력'을 선물로 받았다. 어렸을 때부터 불교 집안에서 자라서 그런지, 세례를 받은 지금도 아직 성경이 낯설게만 느껴진다. 영어 공부에는 성경만한 것이 없다는데 성경책을 읽어본 적도 거의 없다. 말씀 달력은 그야말로 성경 말씀 한 구절을 한글과 영어로 써 놓은 달력이다. 하루에 말씀 한 구절씩 외우면 어떨까?

영어 문장 하나를 외우기 위해 시간을 따로 떼어내는 것은 쉽지 않았다. 회사 업무 중에 영어 문장을 외울 생각이 날 리는 없고, 퇴근 후까지 '오늘의 할 일'을 남겨두고 싶지는 않았다. 아침에 별생각 없이 보내는 시간이 언제인가 생각해 보니, 샤워 시간이었다. 화장실 바로 앞에 말씀 달력을 두기로 했다. 화장실에 갈 때마다 안 보고 지나칠 수 없는 위치에 두었다. 샤워하러 들어갈 때 그날의 문장을 읽고 외운다. 한글과 영어가 함께 있지만, 모르는 단어의 뜻과 발음을 확인해야 할 때도 있다. 요즘에는 핸드폰으로 인터넷을 검색하면 발음까지 들려주니 어렵지도 않다.

　샤워할 때 몇 번 외운다고 해서 하루 종일 기억나는 것은 물론 아니다. 다음날까지 기억나는 경우도 거의 없다. 그렇지만 다음날 어제의 문장을 한 번 다시 보고, 페이지를 넘겨서 오늘의 문장을 외운다. 최소한 어제의 문장만큼은 복습을 하는 셈이다. 이렇게 매일 그날의 말씀을 외우기 시작한 지 벌써 2년이 지났다. 친구에게 '아직도' 외우고 있다고 얘기하면 깜짝 놀란다. 가끔 미국 영화를 볼 때 툭 튀어나오는 성경 구절이 귀에 쏙 들어올 때는 내가 더 깜짝 놀란다.

　어느 날부터는 그 짧은 문장의 맥락이 궁금해졌다. 늘 이 못 말리는 호기심이 문제다. 짧은 말씀 끝에 나와 있는 숫자를 따라 성경책에서 문장을 찾아보기 시작했다. 그 문장이 속한 단락을 읽어 보니 어떤 문맥에서 그런 문장이 나왔는지 조금씩 알게 되었다. 요즘은 코로나로 성당도 가지 않는데, 의도치 않게 아침마다 성경을 한 단락씩 읽게 되었다. 누가 보면 엄청 신앙심이 두터운 줄 알겠지만, 이 모든 것이 작은 루틴에서 시작해서 눈덩이 굴리듯 루틴을 키워가는 것이 가능하기 때문이다. 호기심이 꼬리에 꼬리를 물게 되면, 작은 루틴에 또 다른 루틴을 더해서 확장해 나가는 것이 그리 어렵지 않게 된다.

　운동도 마찬가지다. 일부러 운동을 가는 것은 도대체 몸에 익지를 않는다. 그래서 아침에 깨자마자 스트레칭을 하는 것으로 루틴을 만들었다. 요가 매트를 아예 침대 옆에 깔아 놓고 잤다. 아침에 일어나서 요가 매트에 일단 누워서 스트레칭을 시작한다. 몇 분이라도 더 누워 있을 수 있는 것 같아서도 좋다. 몇 가지 배운 동작을 하는데, 잠도 더 잘 깨고, 몸이 삐그덕하는 일도 줄었다. 아침의 루틴으로 만든 지 벌써 1년이 지났다. 그러다 보니 한두 가지 동작을 더 하게 되고 어느새 아침 운동도 풍부해지고 있다.

무엇이건 한 가지를 노력해서 잘하게 된 경험을 갖고 있는 것은 평생의 재산이다. 기타 치는 것과 영어 공부, 모닝 스트레칭이 완전히 새로운 방법으로 루틴이 되는 것이 아니다. 내가 잘하게 된 것이 어떤 것이 있었는지 생각해 보자. 내가 잘하게 된 것이 분명히 하나쯤은 있을 것이다. 내게 잘 맞는 그 방법을 내가 잘하고 싶은 다른 분야에도 적용해 보자. 유사한 루틴을 일단 시작하게 되면, 더 알고 싶은 호기심으로 하나씩 더 하게 되고, 결국 쌓이고 쌓이면 또 다른 성취감을 느낄 수 있게 된다. 이렇게 내가 잘 하는 분야를 하나씩 늘려 나갈 수 있게 된다.

: 8 :

일만 죽어라 하는 사람이
관리해야 할 단 한 가지

《내가 원하는 삶을 살았더라면》책의 저자 브로니 웨어Bronnie
Ware는 호주의 호스피스 병동의 간호사로 수년간 많은 사람들의 임
종을 지켰다고 한다. 사람들이 죽기 직전에 가장 많이 한다는 다섯
가지 후회를 보니 벌써 공감이 간다.

1. 다른 사람이 아닌, 내가 원하는 삶을 살았더라면
2. 내가 그렇게 열심히 일하지 않았더라면
3. 내 감정을 표현할 용기가 있었더라면
4. 친구들과 계속 연락하고 지냈더라면
5. 나 자신에게 더 많은 행복을 허락했더라면

죽으면 돈이나 사회적 지위, 남의 시선도 큰 의미가 없으니, 저자
는 젊었을 때부터, 소중한 사람들과 행복하게, 즐겁게, 솔직하게 살아

야 한다고 말하고 있다. 물론 죽음이 아직 멀게 느껴지기 때문에 돈도 필요하고 남의 시선도 의식하지 않을 수는 없다. 그러나 죽을 때 '일을 좀 더 할 걸' 생각할 리는 없는데, 주변에 일만 죽어라 하는 사람이 많다.

일만 죽어라 하는 사람이 관리해야 할 단 한 가지는 바로 건강이다. 나도 어렸을 때는 "가슴이 떨릴 때 여행을 가라. 나이 들면 다리가 떨려서 못 간다"라는 말이 와 닿지 않았다. 주변에서 "하루가 다르다"고 말해도 '난 아직 아니야'라는 생각을 했었다. 그러나 중년 이후의 성과는 실적이 아니라 체력으로 결정된다는 것을 알게 되었다.

특별히 담배를 피우거나 과음을 하지 않아도, 나이가 들면서 체력이 예전 같지 않다는 것을 느끼게 된다. 나이 들수록 건강검진만 하면 혹이 나온다. 새로 산 신발을 하루만 잘못 신으면 다음날 물리치료를 받아야 할 만큼 허리나 무릎에 무리가 간다. 나는 숙면 하나로 높은 강도의 업무를 견딜 수 있었는데, 어느 날 수술을 하게 되고 갱년기를 촉진하는 약을 먹게 되고 갱년기 현상을 겪으면서 숙면을 하지 못하게 되었다. 숙면을 못하니 고강도의 업무를 견디기가 힘들어졌다.

번아웃burnout이 오는 것도 순식간이다. 내 친구도 40대 후반에 번아웃으로 더 이상 일을 하기 어렵게 되었다. 특별히 병명이 있는 것도 아니고, 먹을 수 있는 약도 없다. 기운이 없고, 숨이 차고, 머리에 안개가 낀 것 같아서 집중을 할 수가 없고, 온 몸에 통증이 있다고 한다. 그런 친구가 한두 명이 아니다. 그 친구와 같은 업계에서 오래 버틴 사람들을 보니, 실력보다는 체력이 좋은 사람들이었다.

중년이 되니 젊었을 때는 몰랐던 것도 많이 알게 된다. 바람에 가볍게 흩날리던 찰랑찰랑 가느다란 머리카락을 갖고 있던 친구들이 그렇게 부러웠는데, 나이 드니 갈라지고 부시시해 보인다. 내 머리카락은 밤송이 같이 굵고 바람 불어도 뭉텅이로만 쏠리더니, 이제 적절히 가늘어져서 '관리가 잘 되는' 머리카락이 되었다. 어릴 때는 머리카락으로 아무리 가리려 해도 가려지지 않던 볼 살이 이젠 동안으로 보이게 해준단다. 우람했던 허벅지는 항암 등 치료를 견디려면 꼭 필요한 요소가 된다니, 이쁜 새다리로 걸어 다니는 젊은 친구들에게 "빨리 허벅지 근육을 키워야 한다"고 말해주고 싶다. 이렇게 오지랖이 넓어지는 것도 나이 드는 현상 중 하나일지도 모르겠다.

나이 들면 대화의 주제가 대부분 '누가 누가 더 아픈가' 또는 '누구는 어떤 영양제를 먹나'로 바뀌게 된다. 허탈하지만, 몸도 마음도 너무 아파지기 전에 챙겨야 한다. 결국 잘 먹고 운동해야 하는 수밖에 없다.

젊었을 때는 실력을 키우기 위해 무던히 노력한다. 실력을 쌓고, 열심히 하느라 밤도 새고, 미래에 대한 고민을 많이 한다. 네트워크를 만든다고 저녁마다 다양한 사람을 만나는 경우도 많다. 식사도 잘 못 챙기고, 밥을 먹어도 건강하지 못한 식사를 계속할 때도 있다. 바쁘다 보니 운동은 뒷전으로 밀리기 일쑤다.

그렇지만 내가 먹는 음식, 나의 자세, 걸음걸이, 생활 습관, 운동 습관, 이 모든 것이 모여서 나의 노후를 결정짓는다. 물론 유전자의 힘도 무시할 수 없으니, 직계 가족의 취약한 부분을 부지런히 보완해 나가야 한다. 나이 들어서 꿈을 좇고 소중한 사람과 함께하려면 건강이 따라주어야 가능해진다.

젊었을 때 운동하는 습관을 들이고 근육을 키워 놓지 않으면 나이 들어 시작하기는 참 어렵다. 영어만 젊었을 때 시작해야 하는 것이 아니다. 특히 자세와 걷는 습관에 신경을 써야 한다. 나이 50이 넘어서 걸음마를 다시 배우게 되는 것은 중년 사이에 흔한 일이다. 잘못된 자세와 걸음걸이로 인해 몸 여기저기 관절 뼈마디가 아파져야 자세를 고치려 노력하게 되기 때문이다.

이제는 100세 시대가 되었는데, 많은 사람들이 50세 전후에 은퇴를 한다. 빠른 시기에 은퇴하고자 하는 파이어족들은 아마 더 일찍 은퇴를 하게 될 것이다. 노후준비를 위한 재테크도 중요하지만, 건강이 없으면 재테크도 다 소용이 없다. 기운이 있어야 제2의 인생도 설계할 수가 있다.

나 자신을 돌아보자. 나의 정신적 건강과 신체적 건강을 모두 살펴보자. 유난히 스트레스를 많이 받는 유형이면 스트레스 레벨을 줄이자. 내가 스트레스를 받는 원인을 알아내면, 해결책을 찾는 것이 훨씬 쉬워진다. 요즘에는 회사에서 EAP Employee Assistance Program 근로자 지원 프로그램을 통해 전문가의 상담과 치료를 받을 수 있도록 지원하는 경우도 많다. 본인의 정신적 건강을 위해, 상담, 멘토링, 코칭 등 모든 방법을 적극적으로 활용하자. 정신 건강뿐 아니라 커리어 성장에도 도움이 될 수 있다.

신체적 건강을 위해 술과 담배를 내 몸에 맞는 수준으로 줄이고, 건강한 식단과 내게 맞는 운동을 찾아보자. 운동을 우선순위의 맨 끝에 두는 것은 미래를 준비하지 않는 것과 같다. 글로벌 리더들을 보면 철저하게 운동하는 사람들이 많다. 해외에 출장을 가도, 운동할 수 있게 운동화를 챙겨오는 사람들이 대부분이다. 글로벌 리더십으로 올라간 분들 중에서 체력 관리를 안 하는 분을 본 적이 없다. 나는 운동을 아침에 하는 것이 좋다고 생각한다. 그 이유는 저녁에 하게 될 경우 다른 우선순위에 쉽게 밀리기 때문이다. 아침에 운동을 하게 되면 하루 중 가장 중요한 일을 제일 먼저 하는 셈이 된다. 아침에 도저히 운동을 못 하겠으면 스트레칭만이라도 하는 습관을 들이자. 작은 습관으로 시작해서 하나씩 추가해 보자.

내가 하고 싶은 것을 할 수 있도록 하려면 나를 지속적으로 챙겨야 한다. "나를 사랑해야 한다"는 것은 낯간지럽지만, 나 스스로가 정신적으로나 육체적으로 무너지고 있는데 '할 수 있다' 생각하는 것은 말도 안 된다. 누구나 삶을 돌이켜 볼 때 가장 컨디션이 좋았을 때가 있을 것이다. 그때로 거슬러 올라가서 왜 그랬는지 생각해 볼 필요가 있다. 나의 경우에는 아침에 30분이라도 지속적으로 운동을 했던 때가 가장 몸이 좋았다. 내가 무엇을 잘 했던가 생각해 보고 나를 챙기는 것을 멈추지 말자.

잊지 말자. 중년 이후를 버틸 수 있게 해 주는 것은 실력이 아니라 체력이다. 너무 늦기 전에 건강관리를 시작해야 성공과 재테크가 소용 있는 삶을 살 수 있게 된다.

〈전지적 참견 시점〉이라는 TV프로는 참 좋은 시도를 했다고 생각합니다. 늘 주목을 받는 연예인뿐 아니라 무대에서 보이지 않는 매니저의 시점을 함께 보여주기 때문입니다. 저는 이렇게 '다른 시점'을 보여주는 것이 정말 중요하다고 생각합니다.

이 책을 읽는 독자는 무언가 하고 싶은 것이 있는 분일 것입니다. 하고 싶은 것, 원하는 것이 있다는 것은 일단 살아 있다는 증거이고 감사한 일입니다. 이 책을 읽고, 내가 무엇을 좋아하는지 어떤 것을 싫어하는지 나의 목소리에 귀를 기울여 보셨기를 바랍니다. 이제 내가 어떨 때 가장 자연스럽게 입꼬리가 올라가는지, 어떨 때 불편한 마음을 동공지진으로 표현하는지 알게 되었으면 좋겠습니다.

나를 알아간다는 것이 의외로 어렵다는 것을 느끼셨다 해도 큰 수확이라고 생각합니다. 내가 행복하게 살기 위해 꼭 거쳐가야 할 과정이기 때문입니다. 나는 어떤 사람이 되고 싶은지, 어떤 삶을 살고 싶은지, 내가 원하는 것을 알고 있으면 그 방향으로 가게 됩니다. 누가 시키지 않아도 방법을 찾게 됩니다. 내가 원하는 일을 하면 즐겁게 할 수 있어서 계속하게 됩니다.

대단한 노력을 하지 않아도, 나의 시점만 바꾸면 됩니다.

내가 주인인 삶을 산다는 것은 새로운 시점으로 나와 세상을 보는 것에서 시작합니다. 티모시 골웨이의 《이너게임》에서도 "일을 재정의하는 작업은 의식적으로 렌즈 — 앞으로 그것을 통해 세상을 볼 — 를 선택하는 작업이라고 할 수 있다"고 했습니다. "모든 것은 오직 마음이 지어낸다"는 일체유심조라는 말도 일맥상통한 개념이라고 생각합니다. 어릴 때는 이 말이 와 닿지 않았지만, 이제는 이 말에 격한 공감이 갑니다. 제가 경험했으니까요.

나를 다른 시점으로 보려고 시도해 보는 분들은 정말 중요한 첫걸음을 뗀 것이라고 생각합니다.

다른 사람을 있는 그대로 보기 위해 다른 시점을 시도해 보는 분들은 새로운 관계를 시작하실 수 있을 것입니다.

세상에는 '나쁜' 사람보다 약하거나 '아픈' 사람이 더 많은 듯합니다. 나를 토닥토닥해 주어야 하는 것처럼, 다른 사람도 따뜻한 눈으로 봐 주세요. 이상해 보이는 사람도 알고 보면 안쓰러운 사람인 경우가 많습니다. 다른 사람이 약간 덜 이상해 보이기 시작했다면 정말 대단한 일이 시작되고 있는 것입니다.

저도 좀 이상한 구석이 많이 있었습니다. 초등학교 저학년 때에는 야구방망이를 사 달라고 조르던 여자 아이였습니다. 지금도 패션에는 영 재주가 없고, 카메라, 자동차, 이어폰, 블루투스 같은 것들을 더 좋아하는 50대 여성입니다. 그렇지만 제가 모든 면에서 '이상한' 건 아닙니다. 바느질도 나름 잘 하고, 화분에 물 주고 초록 생명들의 잎사귀를 닦아 주는 것에도 특별한 기쁨을 느낍니다. 우리 모두는 '이상한' 것이 아니라, '다를' 뿐입니다.

제가 저의 시점을 바꾸지 않았다면 저의 커리어는 억울함과 울분으로 가득 차 있었을 것입니다. '이상한' 다른 사람을 탓하며, 남이 원하는 틀에 저를 끼워 맞추며 가까스로 살아 나갔을지도 모르겠습니다. 개인적이나 사회적으로 성장할 기회도 스스로 박탈해 버렸겠지요. 시점을 바꾼 후 저도 몰랐던 잠재력이 드러났습니다. 감사하게 생각하니 감사한 일만 생겼습니다. 행복하게 생각하면 행복이 찾아옵니다. 저도 매일 밤 "감사합니다" 기도를 하고 잡니다.

회사에서 '일 잘하는 사람'이 되는 비결도 단순합니다. 내가 다니는 회사를 '내 회사'로 생각하고, 내가 하는 일을 '내 일'이라고 생각하는 사람은 일을 잘할 수밖에 없습니다. 기왕에 회사를 다닌다면 '남의 회사에서 남의 일'을 하기보다 '내 회사에서 내 일'을 하는 마음으로 다니면 성공적인 커리어를 만들어 갈 수 있습니다. 나의 시점을 바꿀 때 저절로 숨어있던 잠재력이 뿜어 나올 것입니다.

타인에게도 나와 함께 일하는 것이 즐거운 일이 될 수 있도록 도와준다면 우리 모두에게 승-승인 상황을 만들어갈 수 있을 것입니다. 똑같은 시급으로 알바하는데 손님 많고 일 많은 소위 대박집에서 일하고 싶은 사람은 없습니다. 만약 매상에 비례해서 월급을 준다면, 모든 알바가 주인처럼 손님을 맞이해서, 누가 주인인지 알 수 없게 될수도 있겠지요. 상대방의 시점으로 바라볼 때 많은 이견이 해소될 수있고 놀라운 솔루션을 발견해 낼 수도 있게 됩니다.

저는 이제 이 책을 시작으로 또 다른 도전을 해 보고자 합니다. 인생에는 누구나 세 번의 기회가 있다고 합니다. 저에게는 세 번째 기회가 될 것입니다. 몸이 조금 안 따를지는 모르겠지만, 다시 25살이 된 기분으로 시작하려 합니다. 저의 시점만 바꾸면 25살이 된 MZ세대의 감성으로 살 수 있을지도 모르겠습니다. 나잇값을 하기 보다는 즐거운 도전을 계속하는 삶을 살아갈 예정입니다.

이 글을 읽어 주셔서 감사합니다.

특히 늦둥이 막내인 저에게 사랑을 아끼지 않은 부모님과 가족들, 늘 격려해 준 친구들에게도 감사를 보냅니다.

그리고 응원합니다.

독자 여러분이 주인이고 주인공인 삶을 살 수 있기를 두 손 모아 기원합니다. '다른' 시점을 늘 시도하실 수 있도록 응원하겠습니다. 늘 행복하고 감사한 하루하루가 되길 바랍니다.

진심으로 응원합니다.